本書は『大学入試　英作文ハイパートレーニング　和文英訳編』の装丁を変更し，
新装版として刊行するものです。

大学入試

英作文
ハイパートレーニング
和文英訳編

新装版

代々木ゼミナール講師
大矢　復

桐原書店

はじめに

本書の目的・レベル

本書は，英作文のまったくの初心者が入試レベルの英作文を書けるようになるまで，著者がもっとも効率的と信じるカリキュラムで一歩一歩上るお手伝いをすることを目的としています。試みに2頁を開いてみてください。本書では中学校で習ったはずの「疑問文の作り方」から勉強を始めます。「簡単すぎる！」とあきれる人もいるかもしれませんが，予備校で多くの受験生を指導した経験から言うと，疑問文の作り方がきちんとわかっていない人は意外に多くいるものです。

それでは今度は174頁を開いてみてください。「入試問題にTry！」とありますね。書かれている通り，本書で学んだことをもとに，最後に入試問題にトライしてみよう，というコーナーです。かなり難しそうな問題が並んでいるのがわかると思います。けれども一歩一歩，着実に本書で勉強すれば，最後にはこのレベルは難なくこなせるようになる，ということです。

というわけで「論より証拠」とばかりに，本書の入口と出口をのぞいてもらいました。そのハシゴの下と上をつなぐのが本書の役割であるわけです。

本書の構成

それでは本書はどのように入口から出口まで，みなさんを案内しようとしているのでしょうか。やはり，とりわけ初心者，中級者の方々に対しては，文法を軸にして1つずつ英文の組み立て方をマスターしてもらうのが安全確実，しかも近道だと思います。それでは，もくじを見ていただきたいのですが，文法項目がずらりと並んでいるのがわかるはずです。こうした文法事項に沿って一歩一歩，みなさんを高みに向かって導いていこうと思っています。

文法と言われて嫌な気分になった人もいるかもしれません。文法は苦手だ，とか，文法は嫌い，と言う人は多いですから。けれども英作文を書くのに，それほど難しい文法は必要ありません。中学校レベルの文法でほとんどじゅうぶんと言えます。しかし大事なのは，みなさんが中学校以来学んできた文法を，英作文を書く上で「使える道具」になるように，もう一度その観点から組み立て直すことが必要なのです。文法を組み立て直すということは具体的にはどのようなことなのか，それは実際に本書を使って勉強を始めれば自ずとわかるはずですから，ここではくどくどと説明することは避けます。

本書を使った勉強法

まずはだまされたと思って，著者の敷いたレールに乗ってみてください。そのまま走っていけば，問題なくゴールに近づいていけるはずです。

本書の中心になるのはLesson 1からLesson 66までの文法事項に沿った解説と

問題演習です。この66個のポイントをこなせば，英作文が書けるようになるという，必要十分なポイントを厳選しました。基本的にはLessonの順番に学習していくのがよいと思いますが，特に気になる分野がある場合はそこから読み始めたり，苦手な分野はあと回しにしてもかまいません。また，読者のみなさんが，学習の進み具合を確認できるように，全体を３つのステップに分け，Step １，Step ２，Step ３としていますが，それは簡単なものからだんだん難しいものになっていくというよりは，むしろ英文を書く上で根や幹になるようなことから次第に枝葉の細かい部分に進む，という方針で配列したものです。そのことだけ了解してもらえば，多少順番を変えて勉強しても問題はありません。

それよりもっと重要なのは，どの分野を勉強するのでも，単に解説を読んでフムフムとうなずくだけでなく，自分できちんと手を動かして，英作文問題をやってみる，ということです。本書では各Lessonの冒頭に，必ず２題の例題があります。解説を読む前に，まずこの例題に挑戦してみてください。間違えることで，よりそれぞれのLessonの説明も頭に入りやすくなるはずです。さらには６～７課ごとに１回ずつ，そこまで学んだことを再確認するための復習問題（各８題）があり，そして最後には既述のように，実際の入試問題に取り組みますから，合計すると本書では約220題の和文英訳問題を収録していることになります。本書は問題集というより参考書ですが，問題集に引けをとらないくらいの問題演習があるわけです。英作文は「書いてナンボ」，「手を動かしてナンボ」の世界です。しっかり手を動かしてください。

巻末の付録について

このように，基本的には文法を軸にして英文の組み立て方を学ぶわけですが，英作文を書く上では基本的な語彙，語法の習得も不可欠です。本書の巻末には，そうした語彙，語法を使った文例集を付録として付けてあります。こちらは電車の中などの細切れの時間を利用して，単語集を覚えるような感覚で本編と平行して少しずつ目を通していくとよいと思います。

最後になりましたが，本書を使ってみなさんが英作文の力を育み，そしてそれを一生の財産にされることを願ってやみません。

2009年 夏

著者しるす

稽古とは一より習ひ十を知り，十よりかへるもとのその一

—— 千利休

本書の構成と利用法

本書は，「これだけ身につけば英作文が書ける」という66個のポイントを厳選し，文法事項に沿った解説と演習でまとめられています。英文を組み立てるときに，その文法事項をどのように理解し，どう使えばよいのかがわかりやすく整理されているので，実戦的な英作文の力を効率よく習得できます。

＊＊＊＊＊＊＊＊＊＊＊＊＊＊＊

本冊の全体構成

本書の中心となるのは，**文法項目別に配列されたLsesson 1 ～ Lesson 66** の66課です。そのほか，学習内容を再確認し，定着させるための**復習問題**，最後には実際の入試問題にチャレンジする**「入試問題に Try!」**，巻末には**英作文に役立つ語彙と語法が学べる文例集**を収録しています。

Lesson の勉強法

各 Lesson はテーマごとに見開きで構成されています。

▶例題
解説を読む前に
例題にチャレンジ
してみましょう。

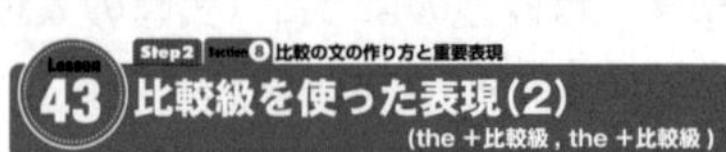
Step2 Section 8 比較の文の作り方と重要表現
Lesson 43 比較級を使った表現(2)
(the +比較級 , the +比較級)

例題
1 多くの言葉を話せるほど，海外旅行は簡単になる。
2 たばこを吸えば吸うほど，ガンにかかる確率が高まる。

▶解説
・各文法事項の基本や使い方を覚えましょう。
・例題で間違えたところに注意して，解説を読みましょう。

比較級に関してもう１つ使いこなせるようになりたいのは，**〈the +比較級，the +比較級〉の構文**だ。**the** には冠詞としての用法のほかに，**副詞**として**「その分だけ」**という意味を表す用法がある。その「その分だけ」を表す the を比較級と一緒に２回使い，**「その分だけ～すると，その分だけ…する」**を表すのがこの構文である。ただし，その２回の〈the +比較級〉を，それぞれ文頭に出すのがルールだ。

❶ The higher **you go up,** the cooler **it becomes.**
「高く登れば登るほど，涼しくなる」

この❶のような文はみんな知っている。ところがこの構文は正確に書くのがなかなか難しい。ミスしがちな点が３つある。

まず**１つ目のポイント。「年を取れば取るほど，病気にかかりやすくなる」**という文を英作文するとしよう。

！誤りやすいミスも要チェック。

❷（×）**The more you grow old, the more you are likely to get diseases.**
❸（○）The older **you grow,** the more likely **you are to get diseases.**

上の❷のようなミスが一番基本的なミスだ。よくこの構文を〈the + more，the + more〉の構文，などと覚えている人がいるが，そういう人はたいていこのミスをする。正しくは〈**the +比較級，the +比較級**〉の構文だ。

▶まとめ
ポイントを確認しましょう。

まとめ 〈the +比較級 , the +比較級〉構文のポイント
● 〈the + more, the + more〉ではない！ ➡ **元の文を考えてから変形せよ。**
●**形容詞と副詞の区別**に注意。
●**ひとかたまりの要素**は一緒に文頭に。

▶解答例
別解や解説もよく研究しましょう。

解答例
1 **We were surprised at how much he knew about Japanese history.**
別解 We were surprised at his knowledge of Japanese history.// We were surprised that he knew a lot about Japanese history.
▶「驚く」は熟語として be surprised at ～と覚えているし，問題文の日本語でも「造詣」と名詞で書いてあるため，英訳するときも名詞を使って書いてしまいがちだ。間違いではないが，**それ以外にも書き方があることを理解しておこう**。そして，できれば**名詞節を使う癖をつけたほうが応用がきいてよい**。ただし，**名詞節を使う場合は時制の一致だけは気をつけよう**。

●復習問題

▶問題

- 6～7課ごとに1回ずつ，8題の復習問題を準備。
- まずは学習したことを思い出し，自分で書いてみましょう。

復習問題

（準動詞を含む文の作り方 P.136～P.153）

Lesson 52～Lesson 60 で学んだことをチェックしよう。

1 豆腐（tofu）は 1,000 年以上も前に中国から伝えられたと考えられ

▶解答例・解説

- 書き終わったら見開き頁の解答例を見て添削しましょう。
- 間違えたところは Lesson の解説をもう一度読み直しましょう。

解答例・解説

解説を読みながら添削しよう。
間違えたところは例題の頁に戻って解説を確認しよう。

1 Tofu is believed to have been introduced from China more than one thousand years ago.

別解 It is believed that tofu was introduced from China more than one thousand years ago.

○ it を主語にして書けば何の問題もない。しかし日本語と同じように Tofu を主語にして英訳すると，ちょっと厄介だ。まず that 節を使ってはいけないということ。さらに to 不

●入試問題に Try!

▶問題

ヒントを参考に，入試の過去問にチャレンジしましょう。

入試問題に Try!

さぁ，いよいよ入試問題です。本書で学んだことを思い出しながらチャレンジしましょう。手強い問題はヒントを参考にして，まずは自分の力で書いてみましょう。語彙の点で難しさを感じるようなら，ぜひ 182 頁～216 頁の文例集で語彙の補強をして下さい。

01 ありふれた単語ほど使い方もいろいろあります。よく知っているはずの単

▶解答例・解説

- 書き終わったら解答例を見て添削しましょう。
- 解答例の解説をていねいに読み，書き方のポイントをチェックしましょう。

解答例・解説

01 ありふれた単語ほど使い方もいろいろあります。よく知っているはずの単語も，ときどき辞書で確かめるべきです。

The commoner a word is, the more ways there are of using it. So, you should look up even words which you think you know well.

○「ありふれた」「(パソコンなどが) 普及した」を表す形容詞は common がよい（→ p.212）。

●英作文に役立つ文例集

英作文を書く上で不可欠な語彙，語法を含む 155 文例を巻末に解説付きで収録。

語法文例 65

□ 01 **boring / bored**

His lecture was really boring, and the audience all seemed bored.

「彼の講演は本当に退屈で，聴衆はみな退屈しているように見えた」

▶ bore はちょうど interest「(人[物]が人に) 興味を持たせる」という意味の動詞の反対語で，「(物が人を) 退屈させる」を表す。「人を退屈させるような」を表すのは boring，逆に「退屈させられた（人）」は bored で表す。

テーマ別文例 90

□ 01 天気予報 / 天気がよい

The weather forecast says it will be nice tomorrow.

「天気予報によると明日は晴れだ」

▶ forecast は「予報する」という動詞としても使えるし，「予報」という名詞としても使える。ここではもちろん名詞。「天気がよい」は It is fine today. という言い方を習ったことがあるかもしれないが，やや古めかしく，今どきは「天気がよい」ことを表す形容詞としては nice がふつう。

●●● 別冊 例題暗唱文例集

本書の各 Lesson の冒頭にある例題2題（日本語）とその解答例（英訳）を見開きで掲載しています。

これを［日本語］→［ポーズ］→［英語］→［英語］の順番で音声を提供しています。書くための基本構文となりますから，暗唱できるまでくりかえし練習しましょう。

Step 1

Step2

Section ❻ 関係詞の使い方

Section ❼ 副詞の使い方と重要表現

Section ❽ 比較の文の作り方と重要表現

Step3

Step 1

Lesson 1 特殊疑問文の作り方

例題
1 あなたは朝食に (for breakfast) 何を食べますか。
2 何が彼女を怒らせたのですか。

英作文の勉強を始めるに当たって，まず基本中の基本を確認しておきたい。すなわち疑問文の作り方だ。疑問文の作り方は中学校で習うのだが，そのあとしばらく自分の手を使って書かない間に忘れてしまう人が意外に多い。そうなると，高校生向けの参考書を見ても解説はないし，困ってしまうのだ。

疑問文は大きく分けると２種類になる。一般疑問文と特殊疑問文だ。と言うと難しく感じるかもしれないが，要は**一般疑問文**とは **yes，no で答えられる疑問文**であり，**特殊疑問文**とは「君はどこの生まれ？」のように yes, no ではなく**具体的な答えを必要とする疑問文**というだけの話だ。最初に一般疑問文の作り方を確認しておこう。

◉一般疑問文の作り方

❶ She is a student.	→	Is she a student?
❷ He lives with his family.	→	Does he live with his family?
❸ He has finished it.	→	Has he finished it?
❹ She can swim.	→	Can she swim?

❶のように **be 動詞**を使った文は，**主語と be 動詞の語順を逆**にして疑問文を作る。それに対して❷のように **be 動詞以外の動詞**を使った文は，**do や does や did を文頭**に出して疑問文を作る。ただし動詞の種類にかかわらず，❸のような**完了形**や❹のような**助動詞**を使った文は，それぞれ **have や助動詞を文頭**に出すことで疑問文を作る。ここまでは問題ないだろう。問題はこのあと，**特殊疑問文**の作り方だ。

以下の❺～❼は，それぞれの下線部を疑問詞に代えて作った疑問文だ。

◉特殊疑問文の作り方

❺ She was happy because she got an email from him.	→	Why was she happy?
❻ She bought some apples.	→	What did she buy?
❼ He made the mistake.	→	Who made the mistake?

❺や❻のように主語以外の要素が疑問詞になった場合は，疑問詞のあとに**一般疑問文と同じ形**がくる（波線の部分）。しかし❼のように**主語が疑問詞**になった場合は，He made ～が Who made ～に変わるだけだ。

疑問文の作り方として❺や❻のほうが複雑だと思うのだが，受験生を見ていると，逆に❼のほうにとまどいを感じる人が多いようだ。それでも主語が人で，それを who にして疑問文を作ることには中学校の頃から少しは慣れているようだが，**主語が what** になるときには，とりわけとまどいを感じる人が多いようだ。

「無生物主語構文」と呼ばれるような次の文を見てみよう。

His behavior **made her angry.** 「彼の振る舞いが彼女を怒らせた」

無生物主語構文とは，「彼女は彼の振る舞いに怒った」のように人を主語にして言えばよいところを，His behavior のような，**物を主語**にして表現した文のことだ。この文の his behavior を what に置き換えて疑問文を作れば，以下のようになる。

What **made her angry?** 「何が彼女を怒らせたのか」

これが意外に書けない人がいる。そういう人は what を使う疑問文を書き始めた時点で，おそらく❻のような文と混同してしまうのだろう。

まとめ　特殊疑問文の作り方

◉主語以外の要素が疑問詞　➡ 疑問詞のあとは一般疑問文の形
◉主語が疑問詞　➡ 疑問詞のあとはすぐに動詞

冒頭の問題に戻ろう。**1** はたとえば You eat some bread. のような文をイメージし，その下線部を what に代えて疑問文を作る。それに対して **2** は，She got angry because ... という文の because 以下を疑問詞に代えて疑問文を作ることもできるし，上に述べたような無生物主語の文をもとに，その主語を疑問詞に代えて疑問文を作ってもよさそうだ。

1 What do you eat for breakfast?

2 What made her angry?

別解 Why did she get angry?

Lesson 2 疑問代名詞と疑問副詞

例題
1 この新型の携帯電話（the cell phone）についてどう思いますか。
2 海外旅行をするのはどんな感じですか。

「疑問詞」と一口に言うが，疑問詞にも品詞がある。

まず，**who**，**what**，**which** の３つは名詞の代わりになる**疑問代名詞**として使われるのに対し，**where**，**when**，**why**，**how** の４つは，副詞の代わりになる**疑問副詞**として使われる。たとえば what は以下のように使われる。

❶ **She bought a book.**	→	**What did she buy?**

what は名詞（ここでは a book）を置き換える。これは who や which でも同様である。これに対し，where，when，why，how は以下のように使われる。

❷ **He got up at six.**	→	**When did he get up?**
❸ **She lives in Hokkaido.**	→	**Where does she live?**
❹ **He got angry for that reason.**	→	**Why did he get angry?**
❺ **He goes to school by bus.**	→	**How does he go to school?**

それぞれ〈前置詞＋名詞〉，つまり**副詞句を疑問詞に置き換えている**のがわかる。たとえば❷の例文で，仮に when が six「6 時」という名詞だけを置き換えているならば（×）When did he get up at? となるはずだが，そうはならず，正しい疑問文は When did he get up?　である。**when が at six「6 時に」全体を置き換えていると**言える。

まとめ 疑問代名詞と疑問副詞の役割
●名詞の置き換え ➡ what，who，which
●副詞(句)の置き換え ➡ when，where，why，how

ここで少し，疑問詞を使うときに日本語とのギャップに注意が必要なものをいくつか練習してみよう。

練習問題 **下線部に注意して英訳しなさい。**

❶ イタリアの首都はどこですか。
❷ この花を英語でどう呼びますか。
❸ これについてどう思いますか。

❶は日本語につられて（×）Where is the capital of Italy? としてしまいそうだが，これでは，意地悪な人に "It is in Italy."「イタリアの中にあるよ」などと返答されてしまうかもしれない。**where** は**疑問副詞**だからだ。正しくは The capital of Italy is Rome. →（○）What is the capital of Italy? でなければいけない。

❷も（×）How do you call this flower in English? としそうだが，You call this flower a rose in English. →（○）What do you call this flower in English? である。

❸も日本語につられて（×）How do you think about this? などとしてしまいそうだが，I think that SV. という文の that 節，つまり**名詞節が疑問詞に代わる**と考えて，（○）What do you think about this? としなければいけない。

さらにもう 1 つ重要なものがある。次のような文を考えてみよう。

She is like a cat.　「彼女はネコのようだ」

like は**前置詞**であり，そのあとに a cat という名詞が続いているわけだが，この a cat を what に代えて疑問文を作ってみよう。

What is she like?　「彼女は何のようですか」→「彼女はどんな人ですか」

この **"What ... like?"「…はどんなですか」**という疑問文は，英作文で非常によく使う。これと to 不定詞を組み合わせたのが冒頭の例題 **2** だ。It is like **～** to travel abroad.「海外旅行するのは～のようだ」という文の「～」のところの名詞が what に代わったと考えれば，**What** is it like to travel abroad? となる。

まとめ What ... like?
◉ What ... like?「…はどんなですか」

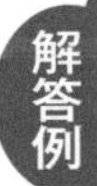

1 What do you think about this new type of cell phone?

2 What is it like to travel abroad?

練習問題解答：❶ What is the capital of Italy?　❷ What do you call this flower in English?
❸ What do you think about this?

Step 1 Section ① 疑問文の作り方

Lesson 3 疑問形容詞（what・which）と疑問副詞（how）

例題

1 この仕事をするのにどのくらいの時間が必要になるでしょうか。

2 初心者にはどちらの本がよりよいですか。

前の課で，who，which，what は疑問詞の中でも名詞の役割をする疑問代名詞だ，と学んだ。それはその通りなのだが，このうち **what** と **which** は形容詞の役割をする**疑問形容詞**としても使える。まず what だ。

❶ **He is reading a book.**	→ **What is he reading?**
❷ **He is reading an English book.**	→ **What book is he reading?**

❶のほうは言うまでもなく **what** が a book を置き換える**疑問代名詞**として使われ，「何を読んでいますか」という疑問文を作っている。しかし what には**「何」**という意味以外に**「どんな～」**という意味があるというのを知っているはずだ。その what は❷を見ればわかるように，an English book「英語の本」が **What book**「どんな本」に代わり（ただし冠詞は省略されることに注意），形容詞の役割をしていることから**疑問形容詞**と呼ばれる。

大事なのは，疑問形容詞の what は，**次にくる名詞とひとかたまりで１つの疑問詞**として使う，ということである。❷を見れば，「英語の本」が「どんな本」に代わっても，ひとかたまりのものとして文頭に出ているのがわかる。

which もまったく同じである。

❸ **Which do you like better, coffee or tea?**

❹ **Which book do you like better, this one or that one?**

❸の **which** は**「どちらのもの」**という意味を表す**疑問代名詞**であり，❹の which book の **which** は**「どちらの～」**という意味を表す**疑問形容詞**である。❷の what と同様に，❹の which は which book というひとかたまりで「どちらの本」という疑問詞を形成している。

念のために付け加えるなら，疑問形容詞の what や which が次に続く名詞とひとかたまりで主語になるのか，それ以外の要素を形づくるのかによって，**Lesson 1** で学んだように疑問文の作り方が異なる。

❺ **What sport is good for me?**	
❻ **What sport do you like?**	

❺では What sport「どんなスポーツ」がひとかたまりで**主語**なので，**そのあとにすぐ動詞**，❻では「どんなスポーツ」が like の**目的語**なので，そのあとに**一般疑問文の形**が続いているのがわかる。

もう１つ，**how** も要注意だ。how は**「どのように？」**，**「どうやって？」**のようにやり方をたずねる疑問詞として使える一方で，**「どのくらい？」**のように，**程度**をたずねる疑問詞として使える。

❼ **He goes to school by bus.**	→	**How does he go to school?**	（やり方）
❽ **His house is very far.**	→	**How far is his house?**	（程度）
❾ **He reads very many books.**	→	**How many books does he read?**	（程度）

❼は，やり方をたずねる疑問文だ。こちらは問題ない。それに対し，❽❾は「どのくらい？」と「程度」をたずねる疑問文である。こちらは語順に問題がある。

❽❾はどちらも very が how に変わり，「非常に遠い」→「どのくらい遠い？」，「非常にたくさんの本」→「どのくらいたくさんの本？」となっている。how の後ろに形容詞が付くときは形容詞まで，さらにそのあとに名詞が付くときは名詞までがひとかたまりで１つの疑問詞として文頭にきているのがわかるはずだ。

まとめ 疑問形容詞（what・which）と疑問副詞（how）の疑問文

◉「どんな～」の what と「どちらの～」の which は名詞と一緒に文頭へ。
◉「どのくらい～」の how は〈形容詞＋(名詞)〉と一緒に文頭へ。

1 How much time will be necessary to do this work?

別解 How much time will it need [take] to do this job?

2 Which book is better for beginners?

▶ beginner は可算名詞だ。可算名詞には必ず冠詞を付けるか複数形にしなければいけない。このような一般論には無冠詞複数がよい（→ p.162）と覚えておこう。

Lesson 4 Step 1 Section ① 疑問文の作り方

that 節を含む文の特殊疑問文

例題

1 いつ雨が止むとあなたは思いますか。

2 明日の天気はどうなると天気予報（the weather forecast）では言っていますか。

もう1課だけ，疑問文の作り方を学ぶことにしよう。今回の内容はちょっと難しい。タイトルの通り，**that 節を含む文を特殊疑問文に**しよう，というのだ。

たとえば次のような文を考えてみよう。

You think (that) he was born in Osaka.

この **in Osaka** を **where** に代えて，「あなたは彼がどこで生まれたと思いますか」という疑問文を作ろうというわけだ。先にできあがりを示してしまおう。よく見ながら下の解説を読んでほしい。

Where do you think he was born?

◉ You think (that) he was born in Osaka. を特殊疑問文にする

⑴ 複雑な文であっても，ともかく「どこで生まれたと思うか」――「大阪」のように具体的な答えを要求する疑問文，すなわち**特殊疑問文**なのだから，**文頭に疑問詞**を置く。⇒ **Where ...**

⑵ 次にこの文の〈主語＋動詞〉である you think を一般疑問文の形，すなわち do you think という形にする。⇒ **Where do you think ...**

⑶ 元の肯定文では that 節の that は書いても省略してもよいが，**疑問文では必ず省略**する。that 節の中の一部（ここでは in Osaka）が疑問詞に代わり文頭に出た時点で that 節は崩壊しているからだ，と考えればよいだろう。

⑷ 最後は非常に大切な点だが，**残った that 節内の要素である he was born をそのままつなげる**。間違っても was he born のような一般疑問文の形にしてしまってはいけない。この文の本当の主語と動詞は you think であり，それをすでに do you think と疑問文の形にしてしまっているのだから，that 節の中の主語や動詞を疑問文の形にしてもしょうがない。

⇒ **Where do you think he was born?**

このような複雑な文は自分で書いて慣れるのが一番だ。簡単な練習問題を次に挙げるので，ぜひ答えを見る前に実際に書いてみてほしい。

練習問題 下線部を疑問詞に代えて疑問文を作りなさい。

❶ They think that I am <u>very</u> old.

❷ They say that <u>the rain</u> has caused the accident.

❶は **How old do they think I am?**「私が何歳だと彼らは思っているのだろうか」が正解。**how old** のかたまりで文頭に出てくることに注意。（→ **Lesson 3**）

❷は **What do they say has caused the accident?**「何が事故を引き起こしたと彼らは言っているのですか」が正解。that 節の中の主語が what に代わり文頭に出るので，do they say という**一般疑問文の形の直後**に **has caused ...** のように**動詞がくる**ことに注意。

まとめ that 節を含む文の疑問文の作り方

◉ that 節を含む文の疑問文は以下の手順で作る。（左頁(1)〜(4)参照）

文頭に疑問詞➡主文を一般疑問文にする➡ that 節内の要素で，疑問詞に代わったことで消えたもの以外の要素をそのまま並べる

今回学んだ疑問文は，私立大学などの整序英作文（与えられた単語を並べ換えるタイプの英作文）でもよく取り上げられるので，ぜひマスターしておこう。

これで疑問文の課は終わりだ。次の課からは否定文の作り方を学んでいこう。

1 When do you think it will stop raining?

2 What does the weather forecast say the weather will be like tomorrow?

▶ **Lesson 2 で学んだ What ... like? の疑問文と，今回学んだ that 節を含む文の疑問文の作り方を合体させると，こんな英文になる。もちろん，according to ～「～によると」を知っている人は，**
What will the weather be like tomorrow according to the weather forecast?
の形でも書けるが，最初に掲げた解答例のような英文を書けることが大切だと心に銘じてほしい。

練習問題解答：❶ How old do they think I am?　❷ What do they say has caused the accident?

Lesson 5 全部否定

例題
1 この問題を解ける子どもはいません。
2 私はそれに関しては何も知りません。

これまでに学んだ疑問文と並んで，否定文の作り方も，基本的だけれど重要だ。まず**全部否定**の文の書き方を学ぼう。全部否定というのは，「だれも…ない」や「何も…ない」のように，「0パーセント」を表す言い方である。

全部否定の書き方として，次の公式だけをしっかり覚えてもらいたい。

まとめ 全部否定の公式
◉全部否定は **no ➡〈not ＋ any〉**

この公式の意味を説明しよう。次の表を見てもらいたい。

「だれも来なかった」 ➡	(○) **Nobody came.**	(×) **Anybody didn't come.**
「だれにも会わなかった」 ➡	(×) **I met nobody.**	(○) **I didn't meet anybody.**

nobody は日本語に訳しにくいが，言ってみれば**「ゼロ人の人」**を表す名詞だ。この表の上の欄にあるように「だれも来なかった」は「ゼロ人の人が来た」と考えて（○）Nobody came. と言えばよい。

ところが，表の下の欄にあるように「だれにも会わなかった」を同じように（×）I met nobody. とするのはよくない。なぜなら，英語には上の**まとめ**に示したような公式があるからだ。この公式の意味は，「nobody のような no- で始まる単語は，できる限り〈not ＋ any〉に分解せよ」という意味だと考えてもらいたい。つまり**「nobody を使う代わりに文全体を否定文にして，nobody を anybody に代える」**ということだ。そうすると表の右下のように（○）I didn't meet anybody. となる。このように書かないといけないのだ。

ならば表の上欄の「だれも来なかった」も Nobody came. ではなく，同じように〈not + any〉に分解しなければいけないのではないか，という疑問が当然沸く。ところが分解しようとすると，表の右上のように（×）Anybody didn't come. のようになってしまう。これは文法的に絶対ダメなのだ。なぜなら，この公式は**順番が**

大事なのだ。nobody を分解して，**not ... any** の順番になるときには必ず**分解**し，逆に，**any ... not** の順番になるときには**分解してはいけない**。

その結果，日本語では「だれも来なかった」，「だれにも会わなかった」と同じように言える２つの文が，英語では以下のように使い分けて表現される。

「だれも来なかった」 ➡	**Nobody came.**
「だれにも会わなかった」 ➡	**I didn't meet anybody.**

しかしこの使い分けは，実はそれほど大変なことではない。

まず，**「ゼロ人の人」が主語**になる場合は **nobody** を使う。なぜかと言えば，〈not + any〉に分解しようとしても主語が anybody になってしまい，必然的に〈any + not〉という間違った順番になってしまうからだ。

逆に動詞より後ろ，たとえば**目的語などに「ゼロ人の人」**がくる場合は，**〈not + any〉**で書けばよい，ということになる。

さらには**「ゼロ個のもの」**を表したいときも同じように，**nothing** と**〈not + anything〉**を使い分ける。下の２つの例文を比較してもらいたい。

---

❶ **Nothing is wrong with it.** （主語がゼロ個のもの）
「それに関して間違っていることは何もない」

---

❷ **I didn't eat anything for breakfast.** （目的語がゼロ個のもの）
「私は朝食には何も食べなかった」

---

no でも同様に，名詞の前に no を置き，「ゼロ人の～」または「ゼロ個の～」を下の例文のように表す（no のあとが可算名詞の場合は，ふつう複数形を使う）。

---

❸ **No students can do it.** （主語がゼロ人の～）
「それができる学生はいない」

---

❹ **I don't have any money.** （目的語がゼロ個の～）
「私は全然お金を持っていない」

要するに，一言でまとめれば，最初に掲げた公式につきるわけだ。

解答例

1 **No children can [could] solve this problem.**

▶仮定法を使い can → could にしたほうがよいが，それについてはこのあとの仮定法の Lesson 47（→p.123）で学ぶことにしよう。

2 **I don't know anything about it.**

Lesson 6 部分否定

例題
1 新聞に載っている（in newspapers）ことすべてが真実とは限らない。
2 私は彼の言うことすべてを信じているわけではない。

前の課の全部否定に続いて，この課では**部分否定**を学ぶことにしよう。

全部否定とは，たとえば，「だれもこの問題が解けなかった」ということ，つまり 0% を表す。それに対し，部分否定とは，たとえば「全員がこの問題を解けたというわけではなかった」ということ，つまり **100% 未満**を表す。両者はまったく異なるものなので，しっかり区別したい。

部分否定も最初に公式を書いてしまおう。

まとめ 部分否定の公式
◉部分否定は**〈not ＋ 100% を表す単語〉**で表す。

とてもシンプルな公式だが，この公式だけ覚えておけばよい。「100% を表す単語」とは，all や every など，「すべて」を表す単語のことである。これらの前に not を付けて否定文にすると，「100% にはならない」，つまり**「すべて…とは限らない」**という部分否定を表すことができる。

なんだ，そんなことか，と言いたくなるかもしれないが，実はここにも 1 つ問題がある。全部否定のときと同じように，部分否定のこの公式も**順序**が非常に大切なのだ。下の例文を見てもらいたい。

---

❶「彼はすべてを知っているわけではない」
（×）**He knows not everything.**
（○）**He doesn't know everything.**

---

❷「彼が話すすべてが本当であるわけではない」
（×）**Everything he says is not true.**
（○）**Not everything he says is true.**

---

❶を見てほしい。everything は「すべてのこと」という意味であり，100% を表

す単語だが，いくら部分否定の公式が〈not + 100% を表す単語〉だといっても，部分否定の文を作るのに必ずしも not everything と並べるわけではない。ふつうに否定文を書き（He doesn't know ～のように），その文の中で 100% を表す everything を使えばよいだけだ。

他方，❷のほうはどうだろうか？　２つの英訳例のうち，上の（×）がついているほうはふつうに否定文にしてある。しかしそうすると every が先で not があと，つまり公式の〈not + 100% を表す単語〉と逆の順番になってしまう。これではダメなのだ。なぜなら，この部分否定の公式も順番が重要なのだ。

つまり簡単にまとめるなら，(1) **動詞より後ろに 100% を意味する単語がくる場合**は，❶のようにふつうに否定文にすれば自然と〈not + 100% を表す単語〉の順番になるが，(2) **主語に 100% を表す単語がくる場合**はふつうに否定文にしてしまうと逆の順番になってしまうので，それを避けるためには❷のように**文頭に not を付ける**ほかない，というわけだ。部分否定の文を書くときには，まず上の (1) か (2) のどちらのタイプかを考えることだ。

冒頭の問題を例にとってみよう。**1** のほうは「新聞に書かれている 100% 未満のことが真実」というふうに **100% を表す単語が主語**になりそうなので❷のタイプ，逆に **2** のほうは「彼の言うことの 100% 未満を信じる」のように **100% 未満を表す単語が目的語**になりそうなので❶のタイプだ，と最初に作戦を練るのがよい。一般に受験生は，いきなり not で始まる❷のタイプを苦手としているように見える。

Lesson 5 と **Lesson 6** で全部否定と部分否定を扱った。全部否定の書き方に２通り，部分否定の書き方に２通りあるわけだから，合計４通りの否定の仕方がある。

1　Not everything in newspapers is true.

2　I don't believe everything (that) he says.

Lesson 7 準否定

例題
1 英語をうまく話せる日本人は少ない。
2 彼はほとんど両親に手紙を書かない。

否定に関してもう1つ，**「準否定」**を学んでおこう。準否定とは，**「ほとんど…ない」**のような，やや弱い否定のことである。

---

❶ **He hardly [scarcely] understood me.** （程度）
「彼は私の言っていることをほとんど理解しなかった」

❷ **He seldom [rarely / hardly ever] goes out.** （頻度）
「彼はほとんど［めったに］外出しない」

---

❶の **hardly** と **scarcely** が準否定語の代表格で，**「ほとんど…ない」**を表す。**置く位置**に注意。否定語なので，**否定文を作るときに not が入る位置**に置く。

(1) He is **hardly** ready for the exam. 「彼はほとんど試験準備ができていない」
(2) He **hardly** works. 「彼はほとんど働かない」

(1) のように be 動詞を否定するときには **be 動詞の後ろ**（isn't と同様の位置），(2) のように be 動詞以外を否定するときには**動詞の前**（doesn't と同様の位置）にくる。

さて，❷に挙げた **seldom** や **rarely** は**「めったに…ない」**という意味の準否定語だ。「ほとんど外出しない」のように「ほとんど…ない」と日本語で訳してしまうと❶と区別がつかなくなってしまうが，こちらはあくまでも**頻度**を表すことに注意。❶と区別するために❷は「めったに…ない」と覚えておこう。

なお，❷の seldom や rarely も❶と同じ位置に置くこと。また，❶の hardly に ever を付けて **hardly ever** とすると，seldom や rarely と同じ**「めったに…ない」**という意味になる。

---

❸ **Few [Only a few / Very few / Hardly any] students could answer it.**
「それに答えられる生徒はほとんどいなかった」 ← 可算名詞

❸' **Little [Only a little / Very little / Hardly any] time is left before the exam.**
「試験前にほとんど時間は残っていない」 ← 不可算名詞

---

❸や❸’の **few** や **little** も「ほとんど…ない」のように訳すと❶と区別がつかなくなってしまうが，これらは**形容詞**で，名詞を修飾して**「少ししか…ない」**のように**数**や**量**を表す。また，下の表を見てもらいたい。

◉「少しは…ある」「少ししか…ない」の表し方

	可算名詞	不可算名詞
少しは…ある ➡	**a few**	**a little**
少ししか…ない ➡	**few / very few / only a few / hardly any**	**little / very little / only a little / hardly any**

まず後ろにくるのが**可算名詞か不可算名詞かによって使い分け**がある。可算名詞，不可算名詞という区別が面倒な人は，後ろに**複数形**がくるときは **few**，**単数形**がくるときは **little** だと考えればよい。

さらに**肯定的な表現「少しは…ある」**と**否定的な表現「少ししか…ない」**の区別が大切だ。中学校などでは a little money は「少しお金がある」，little money は「少ししかお金がない」などと習うが，a の有無で意味が変わるのはネイティブでも紛らわしいので，**否定的な意味のとき**には，しばしば**前に very** や **only** をつけ加える。ただし very few に対して only a few のように，a の有無に注意だ。

また **little** のほうは**副詞的**にも使える。すなわち He slept **little**. とすれば「彼はほとんど眠らなかった」，つまり He **hardly** slept. と同じ意味になる。ただし **little は文末**に置く。このあたりはまた別の機会に学ぼう。

まとめ　準否定の表し方

◉ほとんど…ない ➡ hardly / scarcely（not の位置），little（文末）

◉めったに…ない ➡ seldom，rarely，hardly ever

◉少ししか…ない ➡ few / only a few / very few / hardly any ＋可算名詞
little / only a little / very little / hardly any ＋不可算名詞

1　Few Japanese people speak English well.

▶ there is 構文で There are only a few Japanese people who can speak English well. のように書いてもよいが，関係詞を使うぶん，複雑になる。

▶ Few のほか Only a few なども使える（上記まとめ参照）。

2　He seldom writes to his parents.

▶〈write to ＋人〉で「人に手紙を書く」。

復習問題

（疑問文の作り方・否定文の作り方 P.2 ～ P.15）

Lesson 1 ～ Lesson 7 で学んだことをチェックしよう。

1 新聞にはなぜ首相は辞任した（resign）のだと書いてありますか（say）。

2 5月の東京の気候はどうですか。

3 1時間ジョギングすることでどのくらいのカロリーを消費する（burn）ことができますか。

4 私は彼女が話したことのすべてを覚えているわけではありません。

解答例・解説

解説を読みながら添削しよう。
間違えたところは例題の頁に戻って解説を確認しよう。

1 Why does the newspaper say the prime minister has resigned?

別解 What does the newspaper say has made the prime minister resign?

Lesson4 で学んだ**「that 節を含む文の特殊疑問文」**がポイント。しかしその前に,「辞任する」の時制を過去形にしている人が多いのではないだろうか。ここは**「結果」**の**現在完了形**が好ましい（→ **Lesson11**）。２つの解答例を示したが，上はふつうに why を使った。別解は**使役動詞 make** を使い,「＿＿が首相を辞任させた」という**無生物主語構文を疑問文**にしたものだ。

2 What is the climate in Tokyo like in May?

Lesson 2 で学んだ What ... like? の疑問文を使えばよい。The climate in Tokyo is like ～ in May.「５月には東京の気候は～のようだ」という文がもともとあり，その like の後ろにあった名詞が what に代わったと考えよう。毎日の「天気」は the weather，それに対してもう少し長期的な「気候」は the climate だ。「東京の気候」は of を使ってもよい。

3 How many calories can I burn by jogging for an hour?

「どのくらいのカロリー」と書いてあるが,「どのくらいたくさんのカロリー」と考えないと疑問文ができない。なぜなら，**how は疑問副詞**なので，名詞「カロリー」ではなく，**「たくさんの」という形容詞しか修飾できない**からだ。**calorie** は**可算名詞**。したがって much ではなく **many** を使う。**「～することによって」**は **by** がよい。

4 I don't remember everything (that) she said.

部分否定。「100% 未満を覚えている」のように，目的語に「100% 未満」がくるから，否定文の中で 100% を表す語を使えば，**〈not ＋ 100% を表す単語〉**という部分否定の公式の順番を守れる。「彼女が言ったこと」のように問題文にあると，すぐに関係代名詞 what を使いたがる人がいるが，それでは部分否定はうまく作れない。everything の代わりに all を「すべてのこと」という名詞で使うのは可。ただし少し古い表現。

5 彼には勉強するための時間が全然ない。

6 先生は彼がほとんど間違いをしなかったので，ほめた (praise)。

7 彼は何も言わないで立ち去った。

8 学校で（in school) われわれが習うすべてのことが将来役立つ（useful）わけではない。

5 He doesn't have any time to study [for studying].

◯全部否定。日本語を見た時点で，「ゼロ個の時間を持っている」のように，「ゼロ個の～」が動詞の目的語にきそうだと目星をつけよう。そうすると，no ではなく **〈not ＋ any〉** を使うことになる。よく質問を受けるのは，any を書かず He doesn't have time ... と書くのではなぜいけないかということだ。文法的には間違いではないが，「時間はない」とだけ言うと，「しかしお金はある」のように，ほかのものと比較しているように聞こえる。**「時間はまったくない」と言えば，ほかのものとは比べていないことがわかる**のだ。

6 The teacher praised him because he made only a few [very few / few] mistakes.

別解 The teacher praised him for having made only a few mistakes.

◯準否定。「ほとんど…ない」と書いてあるが，「わずかな間違い」ということであり，しかも mistake は可算名詞なので，few か only a few か very few を使う。

7 He left without saying anything.

◯ Lesson 5で，「**全部否定は〈no → not ＋ any〉**」と学んだわけだ。しかし補足すると，この公式の右辺はもう少し柔軟に考えてもらいたい。つまり，はっきり not と書いていなくても，「否定的な表現の後ろで any を使えば全部否定」というくらいに思ってもらいたい。この問題でも **without** はすでに not と同じように**否定的な意味を含んでいる**ので，その後ろで any を使えば **〈without ＋ any〉** でも**全部否定**を表せるわけだ。

8 Not everything (that) we learn in school is useful in the future.

◯部分否定。日本語を見た時点で，「100% 未満が役立つ」のように，100% 未満を表す単語が主語になりそうだと目星をつけよう。そして，**〈not+100%〉** という部分否定の順番を守るためには **not を文頭に置く**ことになる。同じ部分否定でも **4** の問題とは対照的だ。これも everything の代わりに all を使うことも可能だが古い表現。all を名詞として使うのが古いのは，「すべてのもの」「すべての人」のどちらも表せるがゆえに紛らわしいせいである。

Lesson 8 未来の表し方

1 私は4月10日から20日までロンドンに滞在します。

2 決勝戦（the final）は6時に始まる。

日本語は**時制**があまり明瞭ではない言語だ。「私はいつも11時に寝ます」は習慣,「明日は6時に起きます」は未来だが，日本語ではどちらも「…します」で区別がない。そういう言語で育ったわれわれは，英語で表現するときにも，つい時制に関して無頓着になりやすい。未来のことを表現するときには，まず自分が未来のことを表現するのだということをしっかり意識したい。

それではその未来のことはどのように表現すればよいのだろうか？　中学校のときは「未来を表す形はwillとbe going to do」と習うが，実際はもう少し複雑だ。

◉未来表現の使い分け

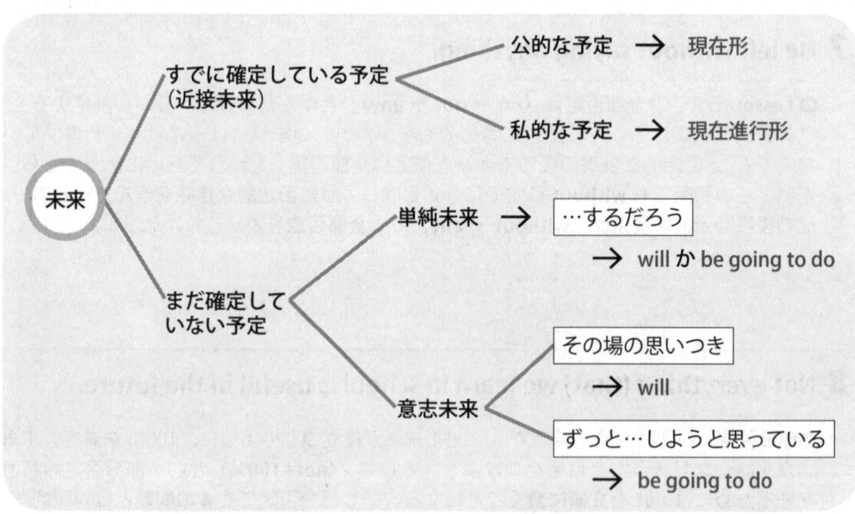

まず**未来**を２つに大別しよう。「**すでに確定している予定**」と「**まだ確定していない予定**」とだ。すでに確定している予定（近接未来と呼ばれる）とは，電車の時間やスポーツの試合の開始時刻のような**公的な予定**と，人と会う約束や旅程など**私的な予定**が含まれる。そして前者は**現在形**，後者は**現在進行形**で表す。

◉すでに確定している未来の予定（近接未来）

❶ **The game begins at seven this evening.** （公的な予定）
「試合は今晩７時に始まる」

❷ **I am meeting her tomorrow.** （私的な予定）
「私は明日彼女と会う」

これに対し，**まだ確定していない未来の予定**は，**単純未来**と**意志未来**に分けて考えよう。

単純未来は簡単に言えば「明日は雨が降るだろう」のように自分の意志とは無関係な単なる推測を表し，日本語で言えば**「…するだろう」**に当たる。それに対し，意志未来は，その名の通り**「…しようと思っている」「…するつもりだ」**を表す。

単純未来は will か be going to do を使って表し，どちらを使っても意味の差はない。それに対し**意志未来**の場合，will を使うか be going to do を使うかによって，少し意味が異なってくる。**will** はよく**「その場の思いつき」**と言われる。たとえば電話が鳴って「あっ，私が出ます！」とか，洋服屋で試着して気に入って「これ，買います！」が「その場の思いつき」だ。それに対し，**be going to do** は**「…しようと（前から）考えている」**というニュアンスを持つ。

◉まだ確定していない未来の予定

❸ **It will rain tomorrow. = It is going to rain tomorrow.** （単純未来）
「明日は雨が降るだろう」（will でも be going to do でもよい）

❹ **I will cook for you.** 「よし，君のために料理するよ」 （意志未来）
I am going to buy a new car. 「新車を買おうかと思ってるんだ」 （意志未来）

厄介な使い分けであり，入試の英作文問題では必ずしも文脈がはっきりしていて，「必ずこれを使わなければいけない」と１つに決定できる場合ばかりとは限らないが，ぜひ使い分けができるようになろう。

1 I am staying in London from April 10th to the 20th.

▶日付にまで言及しているのでおそらく予定が決まっているのだろう。このような**個人的な決まった予定**は**現在進行形**がふさわしい。日付は「４月の 10 番目の日」のように，序数を使うことに注意。

2 The final begins at six.

▶**公的な決定している予定**は**現在形**。

Step 1 Section 3 時制の決め方

Lesson 9 現在形と現在進行形

例題
1 暇なときあなたは何をしていますか。
2 私は今度の夏，海外旅行をしようかと考えています。

ここでは**現在形**と**現在進行形**について学ぼう。

まず，**現在形**はその名前に反して，現在のことを表すための時制ではない。

◉動作動詞の場合

❶ **The sun rises in the east.** （不変の真理⇒現在形）
「太陽は東から昇る」

❷ **The sun is rising in the east now.** （現在のこと⇒現在進行形）
「太陽が今，東から昇りつつある」

❶は現在形で書かれているが，不変の真理・事実，変わらぬ習慣を表している。一方，現在のことを表す場合は❷のように現在進行形を使う。**現在のこと**は現在形で表さず，**現在進行形を使い**，**現在形**は**不変の真理**・**事実**，**変わらぬ習慣を表す**というのが逆説的に聞こえるが文法だ。

ところが，英語の動詞には動作を表す**「動作動詞」**と状態を表す**「状態動詞」**があり，以上のことは「動作動詞」のみ当てはまる。状態動詞の場合はどうだろうか。

◉状態動詞の場合

❸ **Parents naturally love their children.** （不変の事実⇒現在形）
「本来，親は子どもを愛するものだ」

❹ **I love her.** （現在のこと⇒現在形）
「私は彼女が大好きだ」

❸のように**不変の事実**を表すときも，❹のように**「今…している」**ということを表すときも**現在形**だ。以上のことを表にまとめてみよう。

	不変の事実・習慣	「今…している」
動作動詞	現在形	現在進行形
状態動詞	現在形	現在形

問題点1（不変の事実・習慣 ⇔ 「今…している」）
問題点2（動作動詞 ⇔ 状態動詞）

左頁の表を見ると，英作文を書く上で２つ問題点があるのがわかる。

● 問題点１ ⇒ **動作動詞は現在形と現在進行形の使い分けが必要。**

日本語では「彼は今，本を読んでいる」「彼は暇なときには本を読んでいる」のように，しばしば両者はどちらも「…している」と言うが，前者は**「今…している」（現在進行形）**ということであり，後者は**変わらぬ習慣（現在形）**である。日本語に惑わされず，どちらなのかを見極めなければいけない。

● 問題点２ ⇒ **「今…している」を表すときは，動作動詞なのか状態動詞なのかで現在形と現在進行形の使い分けが必要。**

使い分けるためには，**使う動詞がどちらなのか**を知らなくてはならない。たとえば walk「歩く」や study「勉強する」が動作動詞，have「持つ」や love「愛する」が状態動詞なのは当然だ。しかし，rain「雨が降る」ことはあまり動作とは言わないが，It is raining. とよく進行形で目にするように，動作動詞だ。また have には「食べる」という意味もあり，この意味では eat と同様，I am having lunch. のように動作動詞として使う。このように意外に厄介な問題だ。これといった見分け方はないし，どちらでも可能なこともあるが，目安としては，次のように考えるとよい。

まとめ 動作動詞と状態動詞の見分け方

◉一瞬だけでも成り立つ行為を表す動詞 ➡ 動作動詞
◉ある程度期間の持続が前提になる行為を表す動詞 ➡ 状態動詞

たとえば一瞬だけ眠る，雨が降る，ということはありうるが，一瞬だけ愛するというのはおかしい。したがって sleep や rain は動作動詞だが，love は状態動詞だ。そんなふうに考えてだんだんに慣れていこう。

解答例

1 What do you do in your spare [free] time?

▶「何をしていますか」と書いてあるが，これは習慣をたずねている。したがって現在形。

2 I am thinking about traveling abroad next summer.

▶上で説明したように，同じ動詞でも意味によって状態動詞になったり動作動詞になったりするものはいくらでもあるが，その中でよく入試に出るのは **think** だ。I think English is fun.「英語が楽しいと思う」のように**意見を表す think は状態動詞（進行形にしない）**だが，I am thinking about buying it.「それを買おうかと思っている」のように，**計画を表す think は動作動詞（進行形にする）**だ。同じように感覚動詞と呼ばれる **look**，**taste**，**smell**，**sound**，**feel** なども，意味によっては動作動詞と状態動詞の両方になる。たとえば This coffee tastes good.「このコーヒーはおいしい味がする」，He is tasting the wine.「彼はワインを味見している」など。まとめに示した考え方で，それぞれ何故そうなのかを考えてもらいたい。

Lesson 10 過去進行形と未来進行形

1 公園を散歩しているときに友達の一人に会った。
2 日が暮れるときに私はまだゴールに向けて走っているでしょう。

現在進行形を学んだところで，過去進行形と未来進行形の使い方も続けて学んでおこう。まず最初に**過去進行形**だ。たとえば「テレビを見ているときに電話が鳴った」という文を英作文するときに，

(×) **I got a telephone call when I watched TV.**

のように書いてしまう人がよくいるが，これはまずい。英語で過去形を使うと，日本語では「…した」と言うようなものだ。つまり，上の誤文のように got, watched のように両方とも過去形で書いてしまうと，「テレビを見たときに電話が鳴った」と言っていることになる。「テレビを見ているときに電話が鳴った」と言うのが自然だ。

「電話が鳴った」のは一瞬の出来事だが，「テレビを見ていた」のは電話が鳴る前も，そのあともおそらく続いていたのであり，時間的に幅がある行為だ。そういうときに日本語でも「…した」ではなく**「…していた」**とか**「…している最中だった」**などと言う。それに相当するのが英語では**過去進行形**なのだ。したがって上の英文も正しくは次のようになる。

(○) **I got a telephone call when I was watching TV.**

このことはよく「点と線」の関係と言われる。**一瞬の出来事が「点」，時間的に幅がある行為が「線」**だ。そしてその「点」を表すのが過去形であり，「線」を表すのが過去進行形というわけだ。

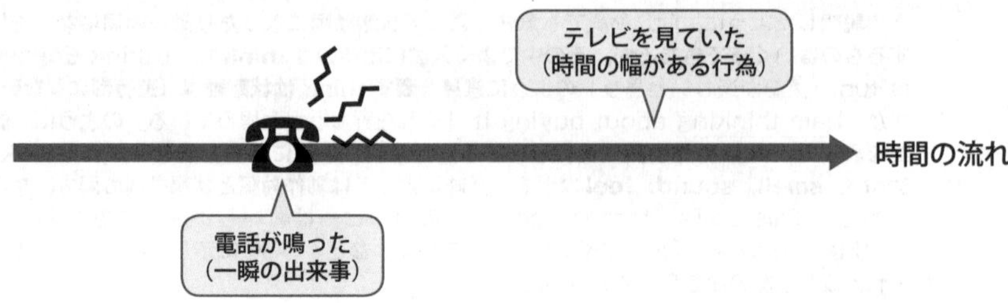

ただし誤解しないでほしいのは，時間的に幅がある行為なら何でも「線」になるわけではない，ということだ。次の 2 つの文を比べてみよう。

---

❶ **I was studying in the library when I saw her.**
「彼女を見かけたとき，私は図書館で勉強中だった」

---

❷ **I studied in the library for five hours today.**
「私は今日，図書館で 5 時間勉強した 」

---

❷を見てわかるように，いくら 5 時間勉強しても，それだけで「線」になるわけではない。❶のように，**「点」にあたる表現**（この場合は，「彼女を見かけた」という波線部分）と対比をするために初めて「線」（過去進行形）が使われるのだ。

will を使った未来表現と未来進行形の関係もまったく同じだ。

---

❸ **I will study in the library tomorrow.**
「明日は私は図書館で勉強するつもりだ」

---

❹ **I will be studying in the library at this time tomorrow.**
「明日のこの時刻に私は図書館で勉強している最中だろう」

「…するだろう」に相当するのが，**will を使った未来表現**であり，**「…している最中だろう」**が**未来進行形**だ。そして❹では「明日のこの時刻」という波線部分が「点」であり，それと対比するために「線」である未来進行形が使われている。

ついでに言えば，I am studying now. という現在進行形も，now「今」が「点」であり，それと対比して進行形が使われているわけだ。そう考えれば，進行形はどれも同じであり，基準になる「点」が現在か，過去か，未来かに応じて現在進行形，過去進行形，未来進行形を使うのだという感覚がつかめればよい。

まとめ 進行形

「点」に対し，「線」を表すのが進行形。

◉「…している最中だ」 ➡ 現在進行形
◉「…している最中だった」 ➡ 過去進行形
◉「…している最中だろう」 ➡ 未来進行形

1 **While [When] I was taking a walk in the park, I met a friend.**
2 **When the sun sets, I will (still) be running toward the goal.**

Lesson 11 過去形と現在完了形（結果）

例題

1 彼は留学することに決め，今そのための準備をしている。

2 雨降って地固まる（firm「堅い」）。

基本時制を卒業して，次は**完了時制**を学んでいこう。まず最初に過去形と比較しつつ，現在完了形の結果の用法を学ぼう。

過去形はどのようなときに使う時制だろうか？　過去のことを表すのに使う，と言いたいところだが，その答えは少し不正確だ。たとえば「私は２度海外旅行をしたことがある」というのは過去の出来事だが，中学校で習ったように「経験の用法」と呼ばれる現在完了形を使う。過去の出来事だから過去形を使うとは限らない。正確には，**過去を表す語句があるときに使うのが過去形**だ。

❶ I met her last year [in high school / in Rome].

一言で過去を表す語句と言っても，❶の文のようにいろいろある。単に last year のようなものだけでなく，たとえば「ローマで彼女に会った」と言えば「ローマに滞在しているときに…」という意味になるので，単に地理的な表現であるだけでなくこれも過去を表す語句と考えられる。そうしたものも含め，ともかく過去を表す語句が文中にあるのが過去形の文の原則だ。

それに対して，日本語で考えてもらいたいのだが，風邪をひいて鼻をグスグスさせて「風邪ひいちゃった」と言ったり，自分の父親に電話がかかってきて「父はもう寝ました」と言うときに，それがいつだったかを付け加えることはしない。

実際，「風邪をひいてしまった」と言ったら「いつひいたの？」と聞かれはしないし，聞かれたら驚くのではないだろうか。なぜかと言えば，それがいつのことなのかはどうでもよいからだ。それより今の状態のこと，すなわち，「今も風邪が治っていない」「今も父親が寝ていて電話に出られない」ということが大事なのだ。

この**「ちょっと前に…して（それがいつだったかはどうでもいい），その結果，今も…」**ということを表すのが**現在完了形の結果の用法**であり，右頁に示すように現在完了形を使う。

❷ **I have caught a cold.**

「風邪をひいてしまった（その結果，今も風邪だ）」

❸ **My father has gone to bed.**

「父はもう寝ました（その結果，今も寝ている）」

まとめ 過去形と現在完了形（結果）の使い分け

◉原則的に過去を表す語句があり，過去に重点がある。 ➡ 過去形

◉過去を表す語句がない。
「ちょっと前に～してその結果今も…」を表す。 ➡ 現在完了形（結果）

入試の英作文では文脈がはっきりしない場合も多いので，過去形で書くべきか，現在完了形で書くべきか迷うこともあると思うが，**できる限り問題文の裏側の状況を読み取って**，どちらの時制で書くべきかを決めるようにしよう。日本語で「…した」と書いてあるからといって，何も考えずに過去形で書いてしまってそれでこと足れりとするのが一番よくない。

さらにもう１つ。たとえば「よく寝たときはさっぱりする」のように**一般論**を書くとき，「さっぱりする」のほうは変わらない事実だから現在形を使うとして，「よく寝た」のほうはどのような時制で書くかということだ。受験生の多くはつい過去形で書いてしまう人がほとんどだが，この文には**過去を表す語句がない**ことに気づこう。**変わらぬ事実は現在形**で書くわけだが，**それとかかわりがある，それより古い出来事は現在完了形**を使うのだ。

❹ **People feel refreshed when they have slept well.**

まとめ 一般論の時制

◉一般論は，現在形と現在完了形で書く。

1 He has decided to study abroad, and now he is preparing for it.

▶「決めた」の部分は「結果」の現在完了形を使う。

2 The ground becomes firm after it has rained.

▶一般論だが，「地面が堅くなる」は現在形で書くとして，「雨が降った」の部分は現在完了形で書く。

Lesson 12 過去形か現在完了形（経験・継続）か

1 私は6年間英語を勉強しているが，実際に（actually）話したことはない。

2 子どもの頃，私は3年間香港に住んでいた。

前の課で，現在完了形の**結果**の用法を学んだが，現在完了形にはほかの用法もある。**経験**の用法や**継続**の用法と言われるものだ。

---

❶ **I have met her twice.** （経験 — 現在完了）
「私は2回彼女に会ったことがある」

---

❷ **I have known him for ten years [since 1999].** （継続 — 現在完了）
「私は彼と10年間[1999年以来]ずっと知り合いだ」

---

❸ **I have been studying English for ten years [since 1999].**
「私は10年間［1999年以来］ずっと英語を勉強している」 （継続 — 現在完了進行形）

---

❶のように**「今までに～回したことがある」**ということを表すのが**経験**の用法だ。多くの場合，twice「2回」のような**回数を表す表現がキーワード**になる。経験を表すにはこのように**必ず現在完了形**を使わなければいけない。

さらに❷や❸のように，**「今までずっと…し続けている」**ということを表すのが**継続**の用法である。多くは**「～の間」**や**「～以来」**を表す **for** や **since** を伴う。

ここで気づいてほしいのは，❷では現在完了形〈**have p.p.**〉を使っているのに対し，❸では**現在完了進行形**〈**have been -ing**〉が使われていることである。ここが重要なところなのだが，継続の用法の場合は，使う動詞の種類で異なった時制を使い分けるのである。**Lesson 9** で学んだように，動詞には進行形にできない状態動詞と進行形にできる動作動詞がある。**継続**の用法の場合は，**状態動詞**は❷のように**現在完了形**を使い，**動作動詞**の場合は，❸のように**現在完了進行形**を使うのだ。

まとめておこう。

まとめ 現在完了形の使い分け

◉結果の用法「ちょっと前に～して今も…」 ➡ 現在完了形
◉経験の用法「今までに～回…したことがある」➡ 現在完了形
◉継続の用法「今までずっと…し続けている」 ➡ 現在完了形 （状態動詞）
➡ 現在完了進行形（動作動詞）

では，ここまで学んだことを練習問題で試してみよう。

練習問題 （　　）の中の動詞を正しい時制に変えなさい。

❶ I (read) this book since last week.
❷ I (live) in Tokyo since I was born.
❸ I (read) this book twice.
❹ I (study) for five hours yesterday.
❺ I (visit) China twice when I was young.
❻ It (not rain) for more than a month.

❶から❸までは基本問題だ。❶と❷はどちらも**「継続」**だが，❶ **read** は**動作動詞**，❷ **live** は**状態動詞**なので，❶ **have been reading**，❷ **have lived** が正解。❸は**「経験」**なので動詞の種類によらず**現在完了形**を使い，**have read** となる。

問題はここからだ。❹を見てもらいたい。「昨日５時間の間勉強した」という文だ。「５時間の間」というキーワードから，継続の現在完了進行形を使えばよいのだろうか？　それとも「昨日」という過去を表す言葉があるから過去形だろうか？

もう一度，前頁のまとめを見てもらいたい。**「継続」**はあくまで**「今まで…し続けている」**ことを表すのだ。for five hours と書いてあっても，**yesterday** のほうが真のキーワードであり，**過去形**を使って **studied** とするのが正解だ。

同様に❺にも twice「2 回」と回数を表す語句があるが，「今までに 2 回」と書いてあるわけではない。**when I was young**「若い頃」という過去を表す語句を真のキーワードと考え，**visited** と**過去形**にする。

最後，❻はどうか？　この文では「1 か月以上の間，１回も雨が降っていない」と言いたいのだ。for ～ a month がキーワードに見え，継続の用法にも思えるが，そうではない。**not** の中に「１回も…ない＝０回」という回数を表す表現が隠れているのだ。したがって**「経験」**と考え，**現在完了形 has not rained** が正解だ。

解答例

1 I have been studying English for six years, but I have never actually spoken it.

▶前半は継続，後半は経験。actually の位置は文末でもよい。

2 I lived in Hong Kong for three years when I was a child.

▶「3 年間」に惑わされてはいけない。過去形が正解だ。

練習問題解答：❶ have been reading　❷ have lived　❸ have read　❹ studied　❺ visited　❻ has not rained

Lesson 13 過去完了形（大過去）

例題
1 その本は思ったよりおもしろかった。
2 先日古い友人に会ったが，すっかり変わっているのに驚いた。

過去完了形に関して，「過去より古い出来事を表すときは過去完了形を使う」などと習う。それはある意味で正しいのだが，その認識がどこかで「過去より古い出来事は過去完了形を使わなければいけない」に変わってしまい，その結果，使わないほうがよいときにまで過去完了形を使ったり，さらには使わなければいけないという呪縛にかかって使い方を混乱している人が多い。

けれども，**過去より古いことを表す**のに必ずしも**過去完了形**を使うとは限らず，**過去形で代用**されることも多く，むしろそちらのほうが好ましいことも多い。

以下の3つの例文で，その使い分けを見ていくことにしよう。赤色にした2つの動詞に注意しながら見てほしい。

◉過去より古い出来事の表し方

❶ **He said good-bye and left the room.**
「彼はさよならを言って，部屋を出て行った」

❷ **Before he went to bed, he finished [had finished] his homework.**
「寝る前に彼は宿題を終えた」

❸ **He said that he had slept well.**
「彼はよく寝たと言った」

たとえば「買い物に行って，友達に会って，お茶を飲んで…」という一連の出来事をすべて別々の時制を使って書くのは無理だ。したがって❶のように**起こった通りの順番**で動詞が並ぶ場合はすべて**過去形**で書けばよいし，そのほうが好ましい。

他方，❷や❸は，出来事が**起こった順番と逆の順番**で動詞が並んでいる。この場合は過去より古い出来事のほうは**過去完了形**を使うのが原則だ。しかし❷のようにbeforeという接続詞が使われるなどして，**どちらの出来事が先に起こったか明白**な場合は**過去形で代用**してもよい。つまり❷では，過去形を使っても過去完了形を使っても，どちらでもよいわけだ。

それに対して❸のような場合には**過去完了形**を使うのが好ましい。というのは，もし❸でも過去形を使って，He said that he slept well. としてしまうと，said と slept が同時の出来事であると誤読されてしまう可能性が高いからだ。

この部分は少し説明するのが難しい。わかりにくければ **lesson 15** の「時制の一致」の部分を読んでからもう一度ここを読み直してもらいたいのだが，簡単に言えば，He said that he slept well. は He says that he sleeps well.「彼は『私はよく眠る習慣がある（現在形だから習慣）』と言う」という文がそのまま過去形になった文に見えてしまうということだ（主文の動詞 said が過去形になったのに伴い，時制の一致で that 節内の動詞も slept と過去形になっている）。そうなると，意味も「彼は『私にはよく眠る習慣がある』と言った」となってしまうのだ。「当時よく寝る習慣があると当時言った」のように**両者が同時**なのではなく，「その前の晩よく寝たと翌日言った」のように，**時間的に両者が前後する**ことを明らかに示すためには，had slept のように**過去完了形**を使わなければいけない。

まとめ 過去より古い出来事の表し方

◉起こった順序通りに動詞が並ぶとき ➡ 過去形
◉起こった順序の逆に動詞が並ぶが，起こった順番が明白なとき
➡ 過去形でも過去完了形でも OK
◉起こった順序の逆に動詞が並び，順序をはっきりさせたいとき
➡ 過去完了形

このように，動詞が２つ並ぶ場合にはその２つの動詞の時間的な順序を明示するために過去完了形を使わなければいけない場合もあるが，逆に過去形でも過去完了形でもよい場合は，簡単に過去形にしたほうがよいということを理解してほしい。

解答例

1 The book was more interesting than I (had) thought.

▶まず予想して，そのあと実際におもしろいかどうかが判明するわけだ。したがって thought のほうが was interesting よりも古い出来事であり，**起こった順序と動詞の並び順が逆になっている**。したがって過去完了形を使ってもよいのだが，意味的に**どちらが先に起こった出来事かは明らか**なので**過去形**でじゅうぶんだ。

2 The other day I met an old friend, but I was surprised that he had changed a lot.

▶３つの動詞が使われている。met と was surprised は起こった通りの順序なのでどちらも過去形。しかし had changed は時間的に古い出来事である。しかも，もしこれを過去形で書いてしまうと，「驚いた」のと「彼が変わった」のが同時の出来事だと思われてしまうおそれがある。つまり，かくし芸大会でもあって，「その場で変身したことに驚いた」と言っているように見られてしまうということだ。そうではないことをはっきりさせる必要があるので，**過去完了形**を使うことが必要だ。

Step 1 Section ❸ 時制の決め方

Lesson 14 過去完了形（経験・継続）と過去完了進行形

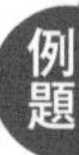

1 その村には行ったことがあったので大地震で被害を受けたと聞いて驚いた。

2 彼はその町を旅立つまで１週間滞在していた。

前の課では，「過去より古い出来事」を表すのに必ずしも過去完了形を使うわけではなく，単に過去形を使ったほうがよい場合もあると学んだ。しかし過去完了形には単に「過去より古い出来事」を表すだけではなく，ほかにも用法がある。前の課のものも含め，過去完了形の用法を整理しておこう。

過去完了形には次の３つの用法がある。各例文の赤色の部分が過去完了形，波線の部分が過去完了形を使う根拠だ。

◉過去完了形の用法

❶ **He said that he had slept well the previous night.** （過去より古い出来事）
「彼は前の晩よく寝たと言った」

❷ **They had met only twice when they got married.** （経験）
「彼らは結婚するまでに２回しか会ったことがなかった」

❸ **He had been ill in bed for a week when I went to see him.** （継続 ― 状態動詞）
「彼に会いに行った時点で彼はすでに１週間病気で寝ていた」

He had been walking for an hour when it suddenly began to rain.
「雨が突然降り出した時点で彼は１時間歩き続けていた」 （継続 ― 動作動詞）

❶は前回学んだ「過去より古い出来事」を表す用法であり，この用法では過去完了形のほか，過去形による代用も頻繁に行われるというのはすでに見たとおりだ。

しかし過去完了形にはさらに❷のように**「過去のある時点までの経験」**を表す用法もある。要するに「～までに…回したことがあった」ということを表すための用法である。この用法では**必ず過去完了形**を使わなければならない。ちょうど，現在までの経験を必ず現在完了形を使って表さなければならなかったのと同様である。

さらに❸のように**「過去のある時点までの継続」**を表す用法もある。要するに「～までに…の間ずっとし続けていた」ということを表す用法である。この用法においても，過去形での代用はできない。そして，この用法では，使う動詞によって**過去完了形と過去完了進行形を使い分ける**ことになる。

すなわち，❸の上の例文は be ill「病気である」と，**状態動詞**である be 動詞を使っているから**過去完了形**，下の例文は walk「歩く」という**動作動詞**なので**過去完了進行形**になっている。ちょうど以前学んだ，継続の用法での現在完了形と現在完了進行形の使い分けと同じだ。

前の課で学んだこともあわせ，まとめておこう。

まとめ 過去の出来事の表し方

◎過去より古い出来事	
動詞の並びが起こった順	➡ 過去形 …… **(i)**
動詞の並びは逆だが起こった順が明白	➡ 過去形か過去完了形 …… **(ii)**
動詞の順序が逆で誤解の可能性がある	➡ 過去完了形 …… **(iii)**
◎過去のある時点までの経験	➡ 過去完了形 …… **(iv)**
◎過去のある時点までの継続	
状態動詞	➡ 過去完了形 …… **(v)**
動作動詞	➡ 過去完了進行形 …… **(vi)**

1 I was surprised to hear that the village was damaged by a big earthquake because I had been there.

▶「(その村に) 行った」ことがあったから「被害を受けた」ことに「驚いた」ということを表現するわけだ。このように動詞が3つあるので，それぞれどのような時制にしたらよいのか迷ってしまう。しかし，3つの動詞のうち was surprised と was damaged の関係は上のまとめの（ii）に相当する。したがって過去完了形でも間違いではないが，**過去形で代用**すればじゅうぶん。しかし had been の部分は（iv）に相当するので，必ず**過去完了形**を使わなければならない。

2 He had been staying in the city for a week when [before] he left it.

▶ had been staying の部分はまとめの（vi）に相当する。

Lesson 15 時制の一致

例題

1 天気予報は雨が降ると言っていたが全然降らなかった。

2 彼は何か食べるものがほしいと言った。

時制について最後にもう1つ，**時制の一致**について学ぶことにしよう。時制の一致とは，一言で言えば**「主文の動詞が過去形の場合，それ以外の動詞もすべてその影響を受ける」**ということだ。

◉時制の一致の考え方

❶ **He says that he likes cats.** （主文が現在形）
「彼はネコが好きだと言う」

❷ **He said that he liked cats.** （主文が過去形）
「彼はネコが好きだと言った」

❸ **He went to bed because he was tired.** （主文が過去形）
「疲れていたから寝た」

❶のように主文が現在形の場合は，時制の一致を考える必要がない。ところが❷のように**主文が過去形の場合は that 節の中の動詞も過去形**になる。これが**時制の一致**だ。これは that 節に限らない。たとえば❸のように，because のようなほかの接続詞でも同じことが起こる。

しかし日本語でも because の場合は「疲れていたから…」のように過去形で表現し，that 節の場合は「ネコが好きだと言った」のように現在形のように表現するので，英作文でも日本語に惑わされて間違えやすい。**that 節は特に注意が必要**だ。

もう少し詳しく説明しよう。時制の一致には3種類がある。

◉時制の一致

❹ **He said that he felt ill.** （主文と従属文の出来事が同時）
「彼は気分が悪いと言った」

❺ **He said that he had slept well.** （主文より従属文が古い）
「彼はよく寝たと言った」

❻ **He said that he would meet her the next day.** （主文より従属文のほうが未来）
「翌日彼女に会うと言った」

主文のsaidとthat節の中の動詞との関係が，それぞれ❹のように**同時**（気分が悪かったのと，そう訴えたのが同時ということ）の場合はthat節の中の動詞も**過去形**にし，❺のようにthat節の中が**主文より古い出来事**の場合は，すでに学んだように**過去完了形**にし，❻のように**主文より未来**になっている場合は**would**を使う。

❹や❺は問題ないだろうが，❻のwouldに注意だ。wouldはwillの過去形だ。willは未来を表す，と中学校で習う。未来を表す言葉に過去形がある?! これは矛盾に思えるが，実はwouldはこういうとき，つまり，「翌日彼女に会うと彼は言った」のように，**「過去の時点から見た未来」**を表すのに使うのだ。

まとめ 時制の一致の基本

主文の動詞が過去形の場合，that節の中の動詞は以下のようになる。

◉主文と同時 ➡ 過去形
◉主文より古い ➡ 過去完了形
◉主文より未来 ➡ would

ただし，時制の一致は必ずしも機械的にすればよいわけではなく，しない場合も多い。時制の一致をすべきかすべきでないかにも注意を払う必要がある。

◉時制の一致の例外

❼ **The teacher said that the sun rises in the east.** （不変の事実）

❽ **The teacher said that America was discovered in 1492.** （歴史的事実）

❾ **The weather forecast said it will rain, but I wonder if it will.**
（過去から見て未来であるだけでなく，現時点から見ても未来）

❼のように**that節の中に変わらぬ事実**が書かれている場合は，過去形にせず**現在形**のままだ。また❽のように**that節の中に歴史的事実**が書かれているときには過去形だ。さらに❾は「天気予報は雨が降ると言っていたが，降るのかなぁ」と書いてあるわけだが，ということは「雨が降る」というのは天気予報が発表された時点から見て未来であるばかりでなく，**今現在から見ても未来のこと**だ。ならば単純に未来を表す**will**を使えばよい。

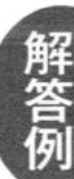

1 **The weather forecast said it would rain, but it didn't at all.**

2 **He said that he wanted something to eat.**

復習問題

（時制の決め方 P.20 ～ P.35）

Lesson 8 ～ Lesson 15 で学んだことをチェックしよう。

1 私は子どもの頃からずっと野球が好きだ。

2 「彼は何をしている人ですか」――「彼は高校で英語を教えています」

3 彼女はいくぶんやせて（lose some weight），若く見える。

4 何が起こるだろうとあなたは思っていたのですか。

解答例・解説

解説を読みながら添削しよう。
間違えたところは例題の頁に戻って解説を確認しよう。

1 I have always liked baseball since I was a boy.

言うまでもなく**「～以来現在までずっと…」**というわけだから，**「継続」**を表す文である。「継続」の場合は現在完了形と現在完了進行形を動詞の種類によって使い分けるわけだが，**like** は**状態動詞**，つまり**進行形にしない動詞**である。したがって**現在完了形 have liked** を使う。「子どものとき以来」は since my childhood のように since を前置詞として使って書く人が多いが，それでもよいが，解答例のように書くほうがふつう。

2 What does he do? —— He teaches English in high school.

日本語でも職業をたずねるときに「あの人は何をしている人？」と言うが，英語でも同じように What does he do?　または What does he do in his life?　と言えば職業をたずねる文になる。「何している…？」の「している」は，「今，している」という意味ではなく，「いつもしている」という**習慣**であり，**現在形**を使う。「学校で」を表す前置詞は **in** がよい。

3 She has lost some weight, and now she looks younger.

「やせた」は過去形ではなく，**「結果」を表す現在完了形**を使って書こう。「見える」の look は意味によって動作動詞になったり状態動詞になったりする。I am looking at it. のように〈look at〉**「見る」**という意味では**動作動詞**，He looks young. のように**知覚動詞**として**「見える」**の意味では**状態動詞**。

4 What did you think would happen?

この問題にはいろいろな要素が入り混じっている。まず，この文のもとの肯定文の形を考えると，You thought ［　　］ would happen.「あなたは［　　］が起こると思っていた」（［　　］のところに何か名詞が入っていたとして）。まず「過去の時点から見た未来」(→ p.35) の would に注意。そしてこの that 節を含んだ文を **Lesson 4** で学んだように，［　　］を what に変えて疑問文にすればよいわけだ。

5 私は 30 年間，車を運転している（drive）が，事故にあった（have an accident）ことは 1 回もない。

6 去年の夏，北海道を旅行中，ある 1 人の女性と知り合いになった（get acquainted with ～）。

7 彼女には一度会ったことがあったので，すぐに彼女を見分け（recognize），私はお辞儀（じぎ）をした。

8 私は去年の夏に 3 回，海（the beach）に行った。

5 I have been driving for thirty years, but I have never had an accident.

◐「30 年間，車を運転している」は「継続」だが，「30 年間１回も事故にあったことはない」のほうは，いくら「30 年間」という語句があっても，これが真のキーワードではない。**「１回も」**のほうが真のキーワードであり，**「経験」**の用法だ。**「経験」**は動詞に関係なく**現在完了形**，**「継続」**のほうは**動詞によって現在完了形と現在完了進行形を使い分ける**わけだが，**drive** は当然，進行形にできる**動作動詞**なので，**現在完了進行形**にする。drive は自動詞として使えばよい。

6 While I was traveling in Hokkaido last summer, I got acquainted with a woman.

別解 During my trip to Hokkaido last summer, I got acquainted with a woman.

◐**「知り合いになった」**を**「点」**とすると，**「北海道を旅行中」**は**「線」**。したがって前者は**過去形**でよいが，後者は**過去進行形**を使って表す必要がある。もちろん前置詞の **during** を使い，During my trip to Hokkaido last summer, ... とすることもできる。

7 I recognized her right away because I had met her once, and I bowed.

別解 I had met her once, so I recognized her at once and bowed.

◐「彼女を見分けた」→「お辞儀した」という２つの行為は，その行った順番通りに書くなら，過去完了形など使わず両方とも過去形でじゅうぶんであり，またそのほうが好ましい。しかし**「一度会ったことがあったので」**の部分は**過去のある時点までの経験**だから，絶対に**過去完了形**を使わなければならない。

8 I went to the beach three times last summer.

◐「３回」という日本語に惑わされないように。「現在までに～回」と書いてあるわけではない。あくまでも**「去年の夏」**という過去を表す語句が真のキーワードである。したがって**過去形**以外は間違い。

Lesson 16 Step 1 Section ④ 名詞節の使い方

that 節とそれ以外の名詞節

例題

1 いつ次の会議が開かれるかは，はっきりしていません。
2 彼がどのくらい英語を話せるかはだれも知らない。

that 節が名詞節（文中で名詞の役割をする節）を作る，ということは理解していることと思う。

❶ **Everyone knows that she is married.**
「みな，彼女が既婚だということを知っている」

❷ **It is certain that he will succeed. (= That he will succeed is certain.)**
「彼が成功するのは確実だ」

❸ **The problem is that there is only a little time left.**
「問題はもうあまり残された時間がないということだ」

たとえば❶の文では，that 以下が「彼女が既婚ということ」という名詞節を作り，knows の**目的語**になっているわけだ。さらには名詞の役割をするわけだから，❷のように**主語**になることも，❸のように**補語**になることもできる。❷のように主語になる場合は（　）の中のように that 節を文頭に置くのも間違いではないが，ふつうは**形式主語 it** を使って書き換える。

さらに重要なのは，**名詞節を作る接続詞**は that だけではないということだ。

❹ **I don't know whether [if] it will rain.**

❺ **I don't know why he is angry.**

❻ **I don't know how old he is.**

まず❹のように「…かどうかということ」を表す **whether** や **if** は that と同じように名詞節を作る。さらには❺や❻で示したように，**why** や **how** などすべての**疑問詞**は，すべて that と同じように名詞節を作る接続詞として使うことができる。そしていずれも❹～❻のように目的語になるだけではない。

❼ **It is not clear when the rain will stop.**

❽ **The question is whether we should do that or not.**

つまり，❼のように主語（形式主語 it を使っているが when から後ろがこの文の主語だ）として使うこともできるし，❽のように補語として使うこともできる，ということも理解しておこう。それだけの話なのだが，少し間違えやすいところをいくつか指摘しておこう。下の３つの文はいずれも間違いだ。

---

❾（×）**I don't know that why he is angry.**

❿（×）**I don't know why is he angry.**

⓫（×）**I don't know how he is old.**

まず，I know that SV という形に慣れすぎていて，つい，❾のように書いてしまうミスをよく見る。why のような疑問詞は接続詞として that の代わりに使えるのであって，一緒に使うのではない。言うまでもなく **that は不要**だ。

また❿のように疑問文と混同してしまうミスにも気をつけよう。確かに疑問文なら Why is he angry? とするわけだが，ここでは **why** という単語を疑問詞ではなく，接続詞として使おうというのだ。SV の部分を疑問文の形にしてはいけない。正しくは I don't know why he is angry. のように **why のあとは肯定文の語順**にする。

さらに⓫のようなミスも気をつけよう。疑問文のところで学んだように **how** や **what** や **which** などの疑問詞は，用法によっては，**あとに続く語句とひとかたまりで疑問詞**を作る。その性質はこのように疑問詞を接続詞として使う場合も同じだ。正しくは，I don't know how old he is. である。

まとめ　名詞節を作る接続詞

◉名詞節を作る接続詞は，**that**，「…かどうかということ」を表す **whether [if]**，それと**疑問詞**。

◉ただし**疑問詞を接続詞として使う場合**は，**(i)** that と同時に使わない，**(ii)** 主語と動詞を一般疑問文の形にしない，**(iii)** ほかの語句と結び付く how, what, which に注意する。

解答例

1 **It is not clear when the next meeting will be held [take place].**

▶形式主語を使っているが，when 以下が主語。

▶「開催される」は示したように２つ言い方があるが，〈take place〉のほうはもともと「場所を占領する＝開かれる」となったもので，日本語とは違い，受け身にしない。

2 **Nobody knows how well he speaks English.**

▶ well の位置に注意。

Section 4 名詞節の使い方

Lesson 17 前置詞の目的語としての名詞節

例題
1 私たちは彼の日本史に関する造詣の深さに驚いた。
2 私は昨日の自分の振る舞いを恥じている。

前の課で学んだように，**名詞節**はその名のとおり名詞の役割をする。したがって**主語**や**目的語**や**補語**になる。しかし英作文をする上で大切な名詞節の役割がもう1つある。それは，**前置詞の目的語になる**，という役割だ。前置詞の目的語とは，要するに前置詞の次にくる名詞の役割，ということだ。たとえば次の文を見てみよう。

---

❶ **He is proud of his English.**
「彼は自分の英語力を誇りに思っている」

---

be proud of ～は「～を誇りに思う」という意味の熟語だが，of は前置詞なので，その後ろには名詞（上の例文では his English）がくる。ここで，that 節が名詞節を作るということを思い出そう。名詞の役割をするわけだから，上の例文の his English の代わりに，that 節を前置詞 of の後ろに持ってくることができるはずだ。そうすると理屈では次のような文になるはずだ。

（×）**He is proud of that he can speak English well.**

ところが残念ながらこの文は間違っている。なぜなら，**前置詞の次に that 節がくる場合，前置詞は原則として省略される**，というルールがあるからだ。したがって正しくは次のようになる。

---

❷ **He is proud that he can speak English well.**

ふだんは熟語として be proud of ～と覚えているかもしれないが，この文では be proud that ... に変わってしまうわけだ。さらに次の文を見てみよう。

---

❸ **He is proud of how well he can speak English.**

前の課で学んだように，名詞節は that 節だけではない。「…かどうかということ」を表す whether や疑問詞も名詞節を作る。ところが that 節以外の名詞節が前置詞の次にくるときには，that 節のときとは異なり，is proud of how ... のように**前置詞は省略されない**のが原則だ。

❶～❸をもう一度よく比べながら読み直してもらいたい。私はよく予備校の授業で**「熟語は３通りにして使おう！」**と受験生諸君に言っている。それはたとえば be proud of ～という熟語をせっかく覚えているのなら，その知識をうまく使いこなそうということだ。そのためにはもう一度，次のまとめを頭に叩き込んでおこう。

まとめ　熟語は３通りに使う

熟語は次のルールで３通りに使いこなそう。
●熟語の前置詞の次に名詞。
●熟語の前置詞をとって that 節。
●熟語の前置詞を残したまま that 節以外の名詞節。

もちろん，実際の試験では，英作文の答えを別解を挙げて３通りも書く必要はない。しかしこんなふうに考えてみよう。ある町へ行くとして，その町への道が１本しかなければ，たまたまそこが道路工事で通行止めになっていたら行くことができない。しかし，もし３本の道があったら…？　何通りにも活用して熟語を使えるというのはそういうことだ。

解答例

1 We were surprised at how much he knew about Japanese history.

別解 We were surprised at his knowledge of Japanese history.//
We were surprised that he knew a lot about Japanese history.

▶「驚く」は熟語として be surprised at ～と覚えているし，問題文の日本語でも「造詣」と名詞で書いてあるため，英訳するときも名詞を使って書いてしまいがちだ。間違いではないが，**それ以外にも書き方がある**ことを理解しておこう。そして，できれば**名詞節を使う癖**をつけたほうが応用がきいてよい。ただし，名詞節を使う場合は**時制の一致**だけは気をつけよう。

▶ know の使い方についてだが，I **know** him. のように，**他動詞**として使うと，**実体験に基づいて**「昔から友達だからよく彼のことを知っている」ということ。**知識として**，たとえば日本史をよく知っているというときには，**know a lot [much] about** Japanese history「日本史について多くを知っている」のように使う。

2 I am ashamed that I behaved badly yesterday.

別解 I am ashamed of my behavior yesterday.//
I am ashamed of how rudely I behaved yesterday.

▶これも１と同様。問題文の日本語を多少意訳してもよいから，自分の使いこなせる範囲の語彙でいろいろな英文で書けるようにしておくことが大切だ。

Step 1 Section 4 名詞節の使い方

Lesson 18 名詞節をもっと活用しよう

例題

1 眠りの長さより深さのほうが大切だ。

2 読書のすばらしさに気づいている人は少ない。

この課では新しい文法事項は学ばない。そうではなく名詞節を使いこなすやり方をもう少し考えてみよう。前回,「熟語を3通りに使いこなす」という話の中の例文で,勘のよい人はもう気づいたかもしれないのだが,英作文のときに与えられた日本語の中の名詞をそのまま名詞で訳そうとするのではなく,**名詞節を使うと非常に楽になる**ことがある。

そのように名詞節を本当の意味で使いこなせるようになると,英作文が非常に楽になる。たとえばこんな文を考えてみよう。

She asked me how old I was.

直訳すれば「彼女は私に,私がどのくらい年をとっているかをたずねた」というわけだが,そんなふうに訳す人はいない。ふつうは少し意訳して「私が何歳かをたずねた」,さらには「私の年齢をたずねた」というふうに日本語にするわけだ。

日本語から英語に直すときには,その逆をやればよい。たとえば「彼は自分の発言を撤回(take back)した」という文を英訳することを考えよう。「発言」という英単語はstatementというが,この単語を知っていれば,簡単に書ける。

---

❶ **He took back his statement.**

でも,もしその単語を知らなかったら? そのときは「発言」=「彼が言ったこと」と考え,

---

❷ **He took back what he said.**

とすれば非常に簡単に書けるわけだ。❶のように書くのがいけない,と言っているわけではない。前回も述べたように❶でも❷でも臨機応変に書けるようにしておくことが重要なのだ。

いくつか練習をしてみよう。次頁のそれぞれの日本文の下線を引いた名詞をうまく名詞節にして訳してみてほしい。

練習問題 **下線部を名詞節にして，次の日本文を英訳しなさい。**

❶ 彼は着るものには無関心（be indifferent to ～）だ。
❷ だれも君の出身大学など気にして（care about ～）いない。
❸ 彼女はその日の出来事について語った。

❶は下線部を「彼が着るもの」と考えて，

He is indifferent to what he wears.

❷は下線部を「どの大学を卒業したか」と考えて，

Nobody cares about which college you graduated from.

または「どの大学で学んだか」と考えて，

Nobody cares about which college you studied at.

❸は下線部を「その日に何が起こったか」と考えて，

She talked about what happened that day.

などのようにできそうだ。

このように，前の課で学んだ「熟語を３通りに使う」とともに，この**「名詞を名詞節で表す」**という使い方が身に付いてくると，英作文も初級卒業が近い。

まとめ 名詞節の活用
◉名詞はできるだけ名詞節で表すことを考える。

1 **How deeply you sleep is more important than how long you sleep.**
▶「眠りの長さ」は**「どのくらい長く眠るか」**ということ。「眠りの深さ」は**「どのくらい深く眠るか」**ということ。

2 **Few people realize [know] how wonderful reading is.**
▶「すばらしさ」という名詞は思いつかなくても，**「読書がどのくらいすばらしいかということ」**と考えればよい。

練習問題解答：❶ He is indifferent to what he wears. ❷ Nobody cares about which college you graduated from [studied at]. ❸ She talked about what happened that day.

Step 1 Section 5 間接話法の書き方

Lesson 19 平叙文と疑問文の間接話法

例題
1 彼女は私に「あなたのところに遊びに行くわ」と言った。
2 彼は私に「君はどっちがほしい？」とたずねた。

名詞節や時制を学んだところで，それらを使って１つ応用的なことをしてみよう。それは**話法**である。英語には人の発言を表すのに２つのやり方がある。それらは直接話法，間接話法と呼ばれる。次の２つの文を見てみよう。

●直接話法と間接話法

❶ He said, "I am hungry." （直接話法）

❷ He said that he was hungry. （間接話法）

❶のように，日本語で言えば，人のセリフを「　」に相当する引用符（quotation marks）にはさんでそのまま引用するやり方が**直接話法**である。それに対して❷のように，日本語で言えば「彼は自分が空腹であると語った」のように，客観的に描写するやり方が**間接話法**である。

大ざっぱに言うと，両者はどちらも正しい英文だ。そうなると，受験生諸君は簡単そうな❶を使おうとするのだが，英作文の試験で❶のような**直接話法を使うことはできるだけ避けたほうがよい**。場合によっては減点対象だ。理由は２つある。

１つは，子どもっぽいということだ。日本語でも「　」を多用して，「明日遊びに行くよ」――「うん，わかった」――「お昼頃でいいかな」――「いいよ」…のような小説はいかにも安っぽい。英語でも同様だ。

もう１つは，引用符はその名のとおり発言を一字一句そのまま引用するときに使うもので，「…という趣旨の発言をした」ということではないのだ。極端に言えば，「『私はお腹がすいた』と彼は言った」という日本語を英訳しなさいと言われたら，He said, "Watashi wa onaka ga suita." と書かなければいけないことになる。

間接話法の文を書くのは少し複雑だ。しかし名詞節や時制の一致を学んだ諸君ならできるはずなので，**人の発言は間接話法をきちんと使って書く**ことをお薦めする。しっかり間接話法を使って書いた英作文は採点者の目から見て非常に見栄えがするものであることを付け加えておこう。

さて，それでは間接話法の文は具体的にどう書いたらよいのか，直接話法の文と比較しながら解説しよう。

◉直接話法→間接話法への転換

❸ **He said, "I am hungry. "**	→	**He said that he was hungry.**
❹ **She said to me, "I love you."**	→	**She told me that she loved me.**
❺ **He said to me, "Are you a student?"**	→	**He asked me if I was a student.**
❻ **He said to me, " Why did you do such a thing?"**	→	**He asked me why I had done such a thing.**

上の例文のそれぞれに関し，矢印の左側が直接話法，右側が読者諸君が書くべき間接話法の文だ。まず使う動詞に注目しよう。**平叙文**（肯定文や否定文のこと）の場合は，**say** か **tell** を使う。say は第 3 文型 (SVO) 動詞，tell は第 4 文型 (SVOO) 動詞なので，❹「彼女が私に…と言った」のように**「だれに」を明示**したい場合は **tell** を使い，❸「彼は…と言った」のように，特に**「だれに」を明示しない**場合は say を使う。それに対して，❺，❻のように**疑問文**は **ask**「たずねる」を使う。

さらに❸，❹のような**平叙文**では，**動詞の後ろに that 節**を続ける。疑問文では，**一般疑問文**（yes, no で答えられる疑問文）の場合は，❺のように「…かどうかをたずねる」とするために **if** や **whether** を使い，❻のように**疑問詞を使う疑問文**はそのままその**疑問詞を接続詞として使う**。このあたりは名詞節で学んだ知識で乗り切れるはずだ。また，**時制の一致**にもしっかり注意したい。

最後に，**人称代名詞**がちょっと厄介に感じるかもしれない。たとえば❹だが，彼女はセリフの中で「私はあなたを愛している」と言ったわけだが，間接話法ではそれを客観的に「彼女が私を愛している，と彼女が語った」としなければならない。

まとめ 平叙文と疑問文の間接話法

◉平叙文は〈**say that SV**〉か〈**tell ＋人＋ that SV**〉
◉疑問文は〈**ask ＋人＋ if [whether] SV**〉か〈**ask ＋人＋疑問詞**〉
そのほか，時制の一致，名詞節内の語順，人称代名詞に注意。

1 **She told me that she would come to see me.**
2 **He asked me which I wanted.**

Lesson 20 間接話法と副詞(句)

例題
1 彼は「先週の日曜日に彼女に会ったよ」と言っていた。
2 彼女は「明日，ひま？」と私にたずねた。

話法と一緒に少し細かいことを学ぼう。それは「時」を表す副詞句についてである。

❶ **I am meeting her next Sunday.** (今度の日曜日)

❷ **I am meeting her tomorrow morning.** (明日の朝)

上の2つの例文をまず見てもらいたい。「今度の日曜日」を next Sunday と言うように，一般的に**「次の～」**は英語では**〈next ～〉**という形で表す。そんなの当たり前じゃないか，と言う声が聞こえてきそうだが，ちょっと待ってほしい。それでは**「明日の朝」**はどのように表現するのか？ 「明日の朝」ということは現時点から見て次の朝である。ということは next morning と言うだろうか？ 残念ながらそういう言い方は英語にはない。正しくは❷のように **tomorrow morning** と言うのだ。

つまり「次の～」は原則として〈next ～〉で表すが，tomorrow morning や tomorrow afternoon のように，**明日に関係することだけ**は例外的に**〈tomorrow ～〉**という言い方をする。さらに次の2つの例文を見てもらいたい。

❸ **He got to Paris on Tuesday and left for London the next Sunday.** (その次の日曜日)

❹ **He got to Paris on Tuesday and left for London the next morning.** (その次の朝)

❸は「彼は火曜日にパリに着き，その次の日曜にロンドンに向かった」と書いてある。言うまでもなく，「その次の～」は彼がパリに着いた日から起算して「その次の～」ということだ。このように，ある時点から見て「その次の～」と言うときには，英語では〈the next ～〉と言う。❶とよく比べよう。**現在から見て「今度の～」は〈next ～〉，ある時点から見て「その次の～」は〈the next ～〉**，たった the の有無だけの違いだがしっかり区別する必要がある。

さらに❹からわかるように，「その次の～」を表すときには❶と❷のような区別はなく，一律に〈the next ～〉を使えばよい。

間接話法では当然**ある時点から見て「その次の～」**を表す❸や❹の形を使うことになる。たとえば，「彼は『明日は家にいるよ』と言った」という文を英訳するときは，「その翌日，家にいる」と考えて次のように表すことになる。

❺ He said that he would stay home the next day.

「今度の～」「その次の～」だけでなく，「この前の～」「その前の～」も同様だ。

❻ I saw her last Sunday. （この前の日曜日）

❼ I saw her yesterday evening. （昨日の夕方）

❽ He said that he had seen her the previous Sunday. （その前の日曜日）

❾ He said that he had seen her the previous evening. （その前の夕方）

現時点から見て「この前の～」は原則として❻のように**〈last ～〉**だが，**「昨日の～」**は例外的に❼のように**〈yesterday ～〉**となる（ただし「昨日の夜」だけは last night でも yesterday night でもどちらでもよい）。

これに対し，ある時点から見て**「その前の～」**は，❽や❾のように**〈the previous ～〉**を使う。間接話法で使うのはこちらだ。

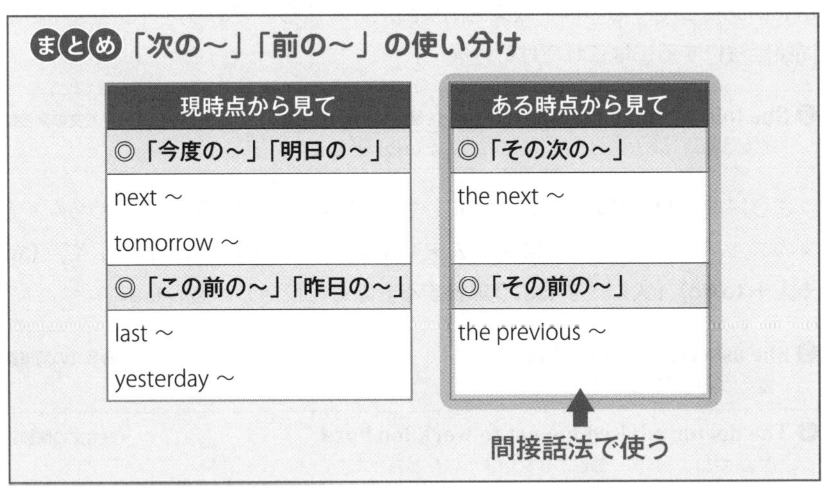

まとめ 「次の～」「前の～」の使い分け

現時点から見て	ある時点から見て
◎「今度の～」「明日の～」	◎「その次の～」
next ～ tomorrow ～	the next ～
◎「この前の～」「昨日の～」	◎「その前の～」
last ～ yesterday ～	the previous ～

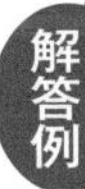

1 He said (that) he had seen her the previous Sunday.

2 She asked me if I would be free the next day.

Lesson 21 命令文とlet's 文の間接話法

例題

1 父は私に「もう少し真面目に勉強しなさい」と言った。

2 彼女は私に「明日，一緒に買い物に行こう」と言った。

話法の話をもう少しだけ続けよう。この課で学ぶことは少し動詞の語法の知識を必要とする。もし現時点でわかりにくさを感じたら，とりあえず飛ばして読んで，あとで動詞の語法（→ p.195）を学んでからこの頁に戻って来てもらって差し支えない。今回学ぶのは，**命令文や let's 文の間接話法への書き換え**だ。まず命令文から。

---

❶ **He told me to clean the room.** (命令文の間接話法)
「彼は私に『部屋を掃除しなさい』と言った」

上の❶の例文のように，**〈tell ＋人＋ to do〉**を使って**「人に…するように言う」**としてやればよい。気をつけたいのは次の❷のように，同じ tell を使っても後ろに that 節を持ってくるのは平叙文を間接話法にしたものであり（→ p.47），命令文を間接話法にするにはこれではいけない。

---

❷ **She told me <u>that she wanted to go there with me</u>.** (平叙文の間接話法)
「彼女は私に『あなたと一緒にそこに行きたいわ』と言った」

さらに次の❸や❹のように，必ずしも〈tell ＋人＋ to do〉にこだわらなくとも，文のニュアンスに応じて**〈ask ＋人＋ to do〉「人に…するよう頼む」**や，**〈advise ＋人＋ to do〉「人に…するよう忠告する」**などと使い分けるのもよい。

---

❸ **She asked me to help her.** (命令文の間接話法)
「彼女は私に『手伝って』と言った」

---

❹ **The doctor advised me not to work too hard.** (命令文の間接話法)
「医者は私に『あまり働きすぎないように』と言った」

問題は，**let's 文を間接話法**でどのように表すかだ。こちらはちょっと難しい。動詞は**「提案する」**を表す **suggest** か **propose** を使うのだが，これらの動詞に that 節が続く場合の語法がちょっと面倒だ。面倒だと思ったら，目的語に -ing を使えばよい。

❺ She suggested eating out that evening. (let's 文の間接話法)

「彼女は『今晩は一緒に外で食事しない？』と言った」

suggest や **propose** は enjoy などと同様に**目的語に動名詞をとる動詞**だ（to 不定詞は不可）。少し例外的に動名詞の意味上の主語が主文の主語と一致していない（「われわれが外食することを彼女が提案した」）が，これでよい。

もう１つの方法は，下のように書くことである。

❻ She suggested to me that we eat out that evening. (let's 文の間接話法)

この❻も❺とまったく同じ意味の文だ。suggest や propose はもう１つ，that 節を目的語とする第３文型をとれるのだ。ただしちょっと難しい点，間違えやすい点がいくつかある。

まず第３文型として使わなければならないので，提案する相手は，（×）She suggested me that SV としては間違いで，（○）She suggested to me that SV としなければいけない。さらに that 節の中の主語が難しい。「彼女が私を誘った」ということは外食に出かけるのは「彼女と私」，つまり「私たち（彼女と私）」が外食をすることを提案したのである。❻の that 節内の主語が **we** となっているのは she ＋ I ということだ。そして最後に that 節の中の動詞の形が大切だ。**仮定法現在**と文法では呼ぶのだが，**必ず原形を使う**のだ。文法問題でもここは頻出なので知っている人も多いかと思う。入試問題としては❻のほうがいろいろな文法知識が必要なので好んで問題にされるが，書くときは面倒だったら❺でよい。

まとめ 命令文と let's 文の間接話法

◉命令文を間接話法にする ➡ tell [ask / advise] ＋人＋ to do

◉ let's 文を間接話法にする ➡ suggest [propose] -ing [that 節]

1 My father told me to study a little harder.

2 She suggested to me that we go shopping the next day.

別解 She suggested going shopping the next day.

復習問題

（名詞節の使い方，間接話法の書き方 P.40 ～ P.51）

Lesson 16 ～ Lesson 21 で学んだことをチェックしよう。

1 彼は私に「昨日，君からのメールを受け取ったよ」と言った。

2 その問題を解決するのにどのくらいの時間がかかるかは問題ではない。

3 故郷を離れるまでは，そのすばらしさに気づかないものだ。

4 彼女は私に「あなた，パソコンは使えるの？」と言った。

解答例・解説

解説を読みながら添削しよう。
間違えたところは例題の頁に戻って解説を確認しよう。

1 He told me that he had gotten my e-mail the previous day.

間接話法を使って書こう。まず文全体は**〈tell ＋人＋ that SV〉**の形で書く。彼の発言の中では「昨日」だが，「その前の日に受け取った」と考えて **the previous day** を使うこと。時制の一致をして，**that 節の中では過去完了形**を使うこと。さらには人称代名詞について，「彼が私のメールを受け取った」のように考えること。間接話法を正しく書くためにはこのように幾多の間違えやすい点を通り抜けなければならないが，書けるようにしておく価値はある。

2 It doesn't matter how much time it will take to solve the problem.

別解 It isn't important how much time we will need to solve the problem.

「どのくらいの時間が必要になるかということ」がこの文の主語であり，それは **how を使った名詞節**で表現しなければならない。さらに名詞節が主語になる場合は，形式主語の it を使ったほうがよい。また，問題文は「どのくらいの時間」だが，how は疑問副詞であり，名詞は修飾できない。**「どのくらいたくさんの時間」**と考えて，**how** が **much** という形容詞を修飾，much が **time** という名詞を修飾するように，**ひとかたまりにして名詞節の先頭に出す**こと。

3 You don't realize how wonderful your hometown is until you leave it.

「そのすばらしさ」と問題文では名詞のように書かれているが，これを名詞節で表現することを考える。一番簡単なのは，解答例のように **how wonderful your hometown is「故郷がどんなにすばらしいかということ」**と how を使って書くことだろう。また，このような文では主語を何にするのかで迷う人が多いが，これは**一般論**で，話者一人の体験ではないのだから I「私」を主語にしないこと（→ **Lesson 66**）。**you** や **people** を**主語**にするのがよいと考えてほしい。「気づく」は，notice はふつう「目で見て気づく」ことを表すので，この場合には好ましくない。**「納得する」**という意味での**「気づく」**は **realize** がよい。

4 She asked me if I could use a computer.

疑問文なので **ask** を使うこと。「…かどうかをたずねる」なので，if や whether を名詞節を作る接続詞として使う。人称代名詞や時制の一致にも注意。

5 「田舎暮らしってどう？」と彼は私に聞いた。

6 彼は行動には注意深くあろうとした。

7 出身大学よりそこで学ぶ内容のほうがはるかに重要だ。

8 「今度の週末，海に行こう」と彼は彼女に言った。

5 **He asked me what it was like to live in the country.**

○「**どんなふうなのか**」は **What ... like?** の疑問文をそのまま名詞節に使えばよい。「田舎」「都会」は特定の場所ではなくても，**慣用的に the** を付けて the country, the city とする。

6 **He tried to be careful about how he behaved.**

○〈be careful about ～〉で「～に関して注意する」。「**自分の行動**」は「**どのように自分が振る舞うのか**」と考えて，**名詞節**を作ればよいだろう。**時制の一致**に注意。

7 **What you study at college is much more important than which college you study at.**

別解 It is not so much which college you study at as what you study there that matters.

○まず全体の構成から。「**～より…が重要**」を**比較級**を使って書いてもよいし，**〈not so much A as B〉「A よりむしろ B」**という熟語を知っていれば，これを使ってもよい。解答例のうち最初のものは比較級を使い，別解 はこの熟語を使っている（さらに主語にこの〈not so much A as B〉がくるときは，どうしても主語が長くなるので，ふつう**強調構文**を使う。この解答例もそのようにしてあるので少し複雑だ)。そして「**出身大学**」は **which college you study at「どの大学で学ぶか」**とした。**which college you graduate from「どの大学を卒業するか」**のようにしてもよいだろう。他方，「**学ぶ内容**」は **what you study there「そこで何を学ぶか」**という**名詞節**で表現した。

8 **He suggested to her that they go to the beach the next weekend.**

○ **Lesson 21** で学んだ通り，**suggest** または **propose** を使って書けばよい。that 節内の主語 they は he and she ということだ（彼が彼女に提案した，ということは海に行くのは彼と彼女だから)。〈suggest -ing〉を使い，He suggested going to the beach「彼は海に行くことを提案した」のように書いても文法的には正しいが，この語法で書くと，だれに提案したかが書けなくなってしまうという問題がある。

Step 2

Lesson 22 関係詞が修飾する先行詞の形（a [the] ＋単数名詞／無冠詞複数／ the ＋複数名詞）

1 運動をする（get exercise）人は長生きする傾向がある。

2 イタリアは私が一番好きな国です。

Step 1 の初級編を終え，ここからは中級編，つまり Step 2 だ。高校生，受験生の答案を見ていると，関係詞を使うときに，関係詞以上に**先行詞の形**がメチャクチャなことが多い。本題の関係詞に話を進める前に，まず先行詞の形をしっかり理解しよう。

---

❶ He is the person who wrote this book.
「彼がこの本を書いた人です」

---

❷ He is a person whom I know well.
「彼は私のよく知る人です」

なぜ❶の文の先行詞には **the**，❷の文の先行詞には **a** が付いているのだろうか。

❶の文の場合，関係詞の部分の「この本を書いた」人というのは，もともと常識的に考えて一人しかいない。彼はその一人であるわけだ。これを **1/1** と表すことにしよう。彼は，「その本を書いた」一人しかいない人のうちの一人という意味だ。

それに対して❷の文の場合，関係詞部分の「私のよく知る」人というのはおそらくたくさんいて，彼はその中の一人なのだ。これを **1/ 多**と表すことにしよう。彼は「私のよく知る」たくさんの人々のうちの一人という意味だ。

そして❶のように **1/1** の場合には，先行詞は**〈the ＋単数名詞〉**の形にし，❷のように **1/ 多**の場合には，先行詞は**〈a ＋単数名詞〉**にするのだ。日本語では区別がないが，しっかり a を付けるのか the を付けるのか考えないと，とんでもない誤解を招くような英文になってしまう。たとえば❷の例文で先行詞に the を付けると，「彼こそが私の知る<u>唯一の人</u>だ」という意味になってしまうので，要注意だ。

さらに次の文を見てみよう。

---

❸ I don't like people who tell lies.
「私は嘘をつく人が嫌いだ」

日本語は単数・複数の区別があいまいだ。嘘をつく人がたくさんいて，そのたくさんいる人々が皆嫌いでも，あまり「私は嘘をつく<u>人々が</u>嫌いだ」とは言わず，

「嘘をつく人が嫌いだ」と言ってしまう。その日本語に惑わされて単数形を使い，

（×） **I don't like a person who tells lies.**

のように書いてしまってはいけない。その理由は，この文の関係詞節をとって主文だけ見れば明らかだろう。I don't like a person.「私は一人の人が嫌いだ」となってしまう。この人が嫌っているのは一人ではないのに単数では明らかにおかしい。嘘をつく人がたくさんいて，そのたくさんの人々が嫌いなのだ。これを**多 / 多**と表すことにしよう。多 / 多の場合は❸のように**無冠詞複数**にする。

最後にもう 1 つのパターン。

---

❹ **I must return the books which I borrowed from the library.**
「図書館から借りた本（複数）を返さなければならない」

図書館から借りた本は複数冊あるとしよう。数冊借りたうちの数冊を返すわけだから，これも多 / 多である。しかし❸とは異なり❹は先行詞が〈the ＋複数形〉になっている。❸と❹は違いがやや微妙だが，「嘘をつく人々」というのは不特定多数いる。だれとだれとだれ…のように名指しできない。それに対し，「図書館から借りた本」というのはせいぜい 10 冊にも満たない冊数であり，この本とこの本とこの本…というように名指しできる程度の特定の少数のものである。**不特定多数の場合**，**先行詞は**❸のように**無冠詞複数**，**特定少数の場合**は❹のように**〈the ＋複数名詞〉**にする。以上まとめておこう。

まとめ 先行詞の形の区別
- ● 1/1 ➡〈the ＋単数名詞〉
- ● 1/ 多 ➡〈a ＋単数名詞〉
- ●多 / 多（不特定多数）➡ 無冠詞複数
- ●多 / 多（特定少数）➡〈the ＋複数名詞〉

1 People who get exercise tend to live long.

▶「…する人」という表現に惑わされてはいけない。例文の❸と同じパターンだ。

2 Italy is the country which I like best.

▶「一番好きな」はもちろん 1 つしかないので，例文の❶に相当する。

Step2 Section 6 関係詞の使い方

Lesson 23 「なんちゃって関係代名詞」に注意

例題
1 若いうちはいろいろなことが学べる本を読むべきだ。
2 スイカというのは切符を買わずに電車に乗れるシステムです。

先行詞の形が理解できたところで，**who** と **which** という２つの関係代名詞に関して，英作文で注意すべき点を見ていくことにしよう。

何よりも大事なのは，この２つの関係詞は，関係代名詞だということだ。代名詞という名が示すとおり，**「名詞の代わり」**，もう少し具体的に言えば，**「先行詞の置き換え」**である。以下の簡単な文で考えてみよう。

❶ **This is the book which I am reading.**

❷ **This is the city which I was born in.**

❸ **This is the city in which I was born.**

たとえば❶の文は，もともと This is the book. と I am reading the book. という２つの文があり，その**２つ目の文の the book が which に置き換わる**ことでつながれた文だ。それを下のように示すことにしよう。

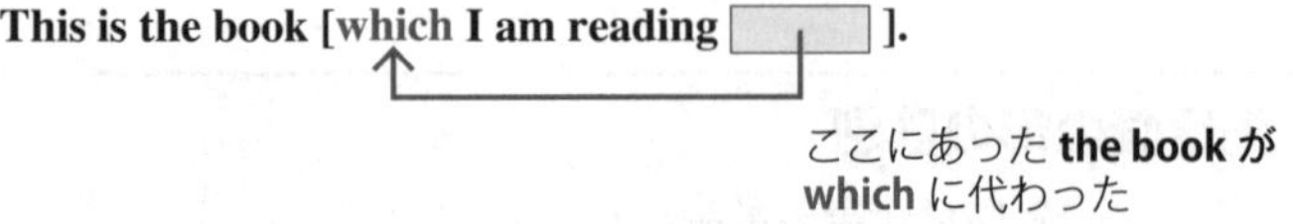
This is the book [which I am reading].

ここにあった **the book** が
which に代わった

つまり関係詞の節を［　　　］でくくったとき，先行詞がぴったり入る「すきま」が節中のどこかに空いていなければ文法的におかしい，ということだ。

❷の文でもそれは同様である。

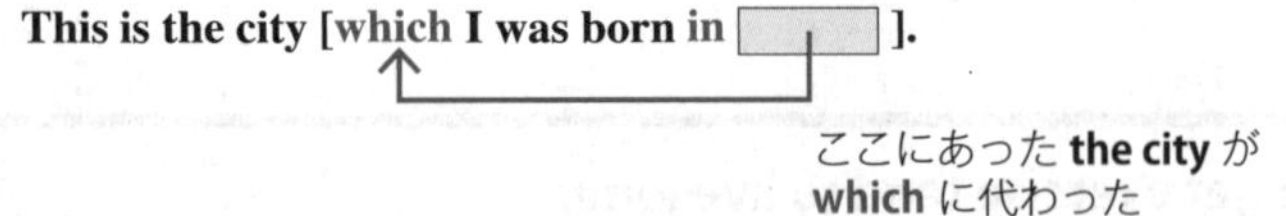
This is the city [which I was born in].

ここにあった **the city** が
which に代わった

逆から言えば，❷の文において，文末の前置詞 **in** はついつい忘れがちだが，先行詞 the city を入れるためには絶対必要であることがわかる。さらにこのように前置詞で終わる文の場合，その前置詞を関係詞と一緒に前に持っていって，**❸のよう**

に書き換えることも可能なのは高校初級の知識だ。基本的な文法上の約束事なのだが，いざ英文を書こうというときにはこの約束事を忘れてしまう人が意外に多い。

では，ここまで学んだことを練習問題で試してみよう。

練習問題 **「市役所まで行けるバス」を表す正しい表現を選びなさい。**

❶ the bus which you can get to City Hall
❷ the bus on which you can get to City Hall
❸ the bus which takes you to City Hall

上のうち正しいのは❷と❸だ。その理由は左頁の❶～❸でやってみたように，関係詞節を［　　］でくくり，先行詞である the bus が入るすきまがどこにあるかを確かめれば明白だろう。各自，確認してみてもらいたい。ところがなんとなく❶のように英作文をしてしまう人が結構いる。筆者はこういった間違った関係詞を「なんちゃって関係詞」といつも呼んでいる。なんとなく関係代名詞っぽいが，まったく関係代名詞として文法的に成り立っていない，というくらいの意味だ。

慣れるまでは関係代名詞を使ったら，**どこに先行詞がすっぽり収まるのか，しっかり自分で確認する癖**をつけたほうがよい。一般的には，もし「なんちゃって関係詞」になっていることに気づいたら，❷のように**関係詞に前置詞を付ける**か，❸のように**無生物主語と呼ばれる先行詞が主語になるような文**を考えるようにすると解決できることが多い。それを下の解答例で確認してほしい。

まとめ「なんちゃって関係詞」の正し方
➡ 関係詞に前置詞を付ける。
➡ 先行詞を主語にする。

1 While you are young, you should read books from which you can learn a lot [which teach you a lot].

▶「いろいろなことが学べる本」を books which you can learn a lot として**前置詞を忘れてしまう**と「なんちゃって関係詞」になってしまうので注意。

2 *Suica* is a system thanks to which you can take trains without buying a ticket [which enables you to take trains without buying a ticket].

▶ 1と同様，関係詞の前の前置詞を落とさないように注意。または無生物主語の文にする。

練習問題解答：❶誤　❷正　❸正

Lesson 24 数・時制の一致と複文構造

例題
1 私は彼女が好みそうだと思う CD をあげた。
2 だれもが勝つと思っていた選手が負けた（be beaten）ので私は驚いた。

この課では，関係詞を使ったもう少し複雑な文を学ぶことにする。

---

❶ **He is the person who I think can do the job.**
「彼こそが私の考えではこの仕事ができる人です」

このような文はよく文法問題や読解問題にも登場するので見たことがある人も多いのではないだろうか。分析すると次のようになる。

He is the person [who I think ［　］ can do the job].

ここにあった **the person** が **who** に代わった

関係詞節の中は I think (that) **the person** can do the job. となっていたのだ。つまり**関係詞の中に that 節を含む文**（複文）があり，その that 節の中の主語だった名詞 the person が who に代わったと考えるわけだ。

似たような文構造の例はいくらでもある。たとえば「みんなが面白いと思っている本」なら a book which everyone thinks is interesting となるわけだ。

少し複雑な形であることは間違いないが，このくらいは書けるようになっておくことが望ましい。

ついでにこのように**関係詞の中が複文構造**になるときには，関係詞の中でも **who** と **whom の使い分け**に気をつけよう。

---

❷ **He is a person who I think can be trusted.**

---

❸ **He is a person whom I believe you can trust.**

---

❷は **who**，❸は **whom** が使われている。それぞれの関係詞節の中身を考えると，

❷ → I think (that) **the person** can be trusted. のように，**that 節の中の主語**であった the person が関係詞になったもの。

❸ → I believe (that) you can trust **the person** のように，**trust の目的語**であった the person が関係詞になったもの。

ということだ。わかりにくければ，the person を代名詞 he に置き換えてみればよい。❷は I think he can be trusted. であり，❸は I believe you can trust him. である。そして he になるものは who，him に相当するのは whom だと考えればよい。

そのほか，関係詞に関して注意すべき点をいくつか述べておこう。それは，**時制の一致と数の一致**についてだ。まずは**時制の一致**から。

---

❹ **I happened to meet a woman whom I knew well.**
「私はよく知っている女性にたまたま出会った」

日本語では「よく知っている女性」のような言い方をするが，英語では主文の happened が過去形になっているため**時制の一致**をして，knew のように過去形を使っているのがわかる。このあたりの事情はすでに **Lesson 15** で学んだことと同じだ。

さらに**数の一致**にも注意したい。

---

❺ **He is the person who is responsible for it.**

---

❻ **They are the people who are responsible for it.**

---

❺は，the person が is responsible の実質的な主語であり，❻は the people が are responsible の主語である。このように，**主格の関係詞**の場合，**先行詞が単数**なら動詞も**単数扱い**，**先行詞が複数**なら動詞も**複数扱い**にするわけだ。これが数の一致である。

1 I gave her a CD which I thought she would like.

▶関係詞の中は I thought she would like the CD. となっていて，その the CD が which に代わり，消えたと考えればよい。would は「過去のある時点から見た未来」の would だ。

2 I was surprised that the player who everyone thought would win was beaten.

▶関係詞の中に that 節が出てくる複雑な形。さらには would win の部分，**「過去の時点から見た未来」**(p.35) の **would** を使うことに注意。また関係詞は whom ではなく who であることにも注意。

Lesson 25 関係代名詞 what の使い方

1 彼は自分が正しいと思うことをした。

2 私がその国を旅行中に驚いたのは，何もかもが高いということだった。

関係代名詞には who, which のほかにもう１つ重要なものとして **what** がある。what はなんとなく「…のもの」のように日本語に訳すだけですませてしまっている人が多いように感じる。ここでもう一度，文法的な性質をまとめておこう。

---

❶ This is the book which I am reading.

---

❷ This is what I am reading.

---

which とは違い，**what には先行詞がない**。たとえば❶では which 以下が先行詞の the book を修飾しているのに対し，❷の what には先行詞がなく，what I am reading だけで「私が読んでいるもの」という名詞節を作っている。これが which と what との違いだが，文法上の共通点もある。もう一度❶と❷の例文を見てみよう。❶の which は先行詞の the book の置き換え（→ **Lesson 23**）である。

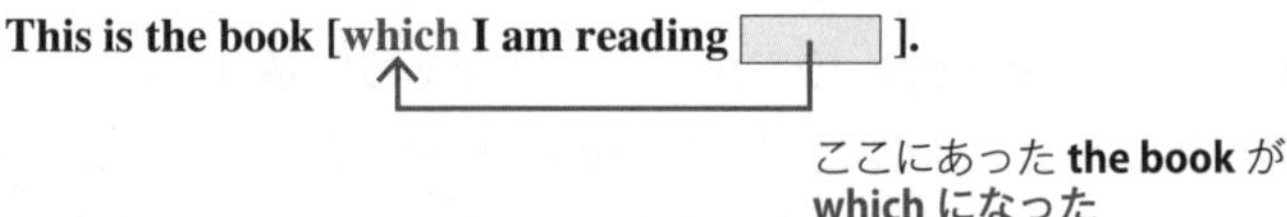

This is the book [which I am reading].
ここにあった the book が
which になった

同様に❷の what も，下のように節の中にあった何らかの名詞の代わりである。

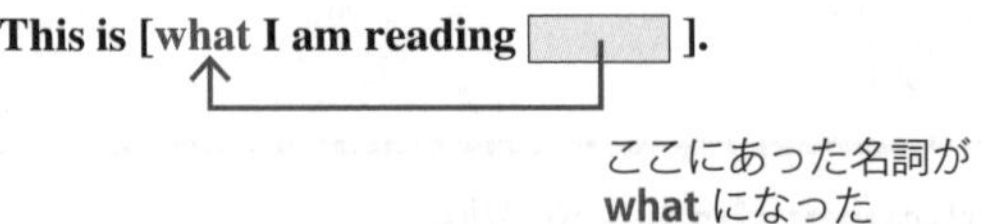

This is [what I am reading].
ここにあった名詞が
what になった

名詞の代わりだからこそ，what も関係代名詞と呼ばれるのだ。what を使うときには次の２つの性質にいつでも注意しよう。

まとめ 関係代名詞 what の性質

◉ which と違う点 ➡ 先行詞がない。（＝名詞節を作る）

◉ which と同じ点 ➡ 節中に名詞が１つ足りない。

当たり前に思えるこの性質だが，英作文を書く上で注意が必要なパターンを例文で確認してみよう。いずれも［　　］で囲った部分が what の作る名詞節だ。

---

❸ [What I thought would be easy] turned out difficult.

---

❹ He talked about [what he was surprised at].

まず前頁のまとめの**2番目の性質（節中に名詞が1つ足りない）**のほうから。

❸の例文の囲みの中を見てみよう。I thought ＿＿ would be easy.「私は＿＿が簡単だろうと思っていた」という文があり，その文の中の＿＿が what に代わり「私が簡単だろうと思っていたこと」という関係詞節を作っているのだ。who や which に関しては，このような複文構造をすでに学んだが（→ **Lesson 24**），**what** に関しても同様の注意が必要だ。また❹では**最後の at** を忘れやすい。この at が必要な理由も明らかだろう。このように，とりわけ**関係詞節の中が複文**になったり，**前置詞の次の名詞が欠落**していたり，というパターンには注意してほしい。

次にまとめの**1番目の性質（名詞節を作る）**について。名詞節を作るということは❸のように主語になったりするのだが，注意したいのは❹のように**前置詞の目的語になる場合**だ。すでに名詞節の項目で学習したが（→ **Lesson 17**），talk は自動詞で，〈talk about ＋名詞〉で「～について語る」である。そしてその名詞の代わりに what の節を持ってきても，about は消えることがない。

解答例

1 He did what he thought was right.

▶ **what の中が複文構造**になることに注意。もともと He thought ＿＿ was right.「彼は＿＿が正しいと思った」という文があって，その文の中の＿＿が what に代わり，抜けたと考えるわけだ。もちろん，**時制の一致**（was の部分）にも注意だ。

2 What I was surprised at while I was traveling in that country was that everything was expensive there.

▶ at を落とさないように注意。または「私を驚かせたのは…」と考えて，What surprised me while I was ... としてもよい。while のあとの**過去進行形**にも注意。または前置詞を使って **during** my trip in that country としてもよい。

Lesson 26 非制限用法で使う which と who

例題

1 どんな情報でも手に入れられるインターネット（the Internet）は，われわれの生活を一変させた。

2 ６年間英語を習った日本人が英語をあまり話せないのは奇妙だ。

まず日本語で考えてみよう。「海に囲まれている日本は魚がおいしい」…ふだんからわれわれはこのような言い方をしているが，よく考えると変な言い方だ。「海に囲まれている…」という修飾語は本当に必要なものなのだろうか。

「海に囲まれていない日本」などというものはもともと存在しない。日本は１つしかなく，海に囲まれているわけだ。したがって，**この修飾語は不要**であり，単に「日本は魚がおいしい」と言えばよさそうなものだ。

けれども，やはりこの「海に囲まれている…」という部分にはそれなりの役割がある。一見，「日本」という名詞を修飾しているようだが，実は「海に囲まれているから日本は魚がおいしい」のように，**理由を表している**のだ。

英語でも同じような現象がある。

❶ **The person who answered the phone was her father.** （制限用法的）
「電話に出た人は彼女の父親だった」

❷ **My father, who has studied in the U.S., speaks English.** （非制限用法的）
「アメリカに留学したことのある私の父は英語が話せる」

❶は中学校の頃から学んできた関係詞の使い方である。主文の The person was her father.「その人は彼女の父親だった」だけでは，「その人」というのがだれのことを指しているのかが不明でまったく意味が通じない。「電話に出た…」という**関係詞節の部分があって，初めて意味が通じる**わけだ。世の中には「人」はたくさんいるが，この説明によって初めて一人に限定される。このように，**関係詞節によって先行詞を限定するときの関係詞を制限用法的な関係詞**と呼ぶ。

それに対し，❷の文では「私の父は英語が話せる」という主文だけで意味が通じる。「私の父」というのはもともと一人しかいないので，「アメリカに…」という説明で限定する必要がないからだ。そしてこの節はもともと要らないものだから，**挿入句としてカンマではさまなければいけない**，というのが英語のルールだ。このような使い方をする関係詞を**非制限用法的な関係詞**と呼ぶ。

カンマの有無は英語ではかなり重大な区別である。もし❷でカンマをつけなければ，❶の文で関係詞節が世の中のたくさんの人の中から電話に出た一人を抜き出す働きをしていたように，❷でも私の父が 10 人も 20 人もいて，その中でアメリカに留学していた一人が…，と言っているように聞こえてしまうからだ。

さらには，この課の最初で取り上げた「海に囲まれている日本→海に囲まれているから日本は魚がおいしい」と同様に，❷の「アメリカに留学したことのある」という修飾語は名詞を修飾しているようで，実は「アメリカに留学したから英語が話せる」のように**「理由」**を表している。したがって，カンマの有無に悩むより，最初から **because** などを使って**「理由」として英訳**してしまったほうが話が早い。

また次のような例を考えてみよう。

---

❸ **He broke up with his girlfriend, whom he loved very much.**
「彼はすごく好きだった恋人と別れた」

「すごく好きだった」などという修飾語がなくても，「彼は恋人と別れた」と言えばそれだけで意味は通じる。したがって関係詞で表すなら❸のようにカンマが必要だが，よく考えると，この部分は「好きだったのに別れた」という**逆接**を表していると気づく。ならば **but** や **though** を使って表せば話が早い。

まとめ なくてもよい関係詞節

主文だけで意味がとおるとき，関係詞節（先行詞を修飾する語句）は，
◉挿入句扱いとしてカンマで挟む。
◉ because か but［though］のような理由，逆接の接続詞に置き換える。

解答例

1 The Internet has changed our lives because you can get any information on it.

別解 The Internet, on which you can get any information, has changed our lives.

▶「どんな情報でも手に入れられるから…」と考えると **because** を使って**「理由」**で書ける。主文は結果の**現在完了形**が望ましい。また，「インターネットで（から）」は **on (from) the Internet**。（→ p.212）

2 It is strange that Japanese people cannot speak English very well, though they have studied it for six years.

別解 It is strange that Japanese people, who have studied English for six years, cannot speak it.

▶「6年間英語を習ったのに…」と考えると**逆接**で書ける。**現在完了形**に注意。

関係副詞の where と when

例題

1 たいていの人は自分の生まれ育った場所が好きだ。

2 車に頼らざるを得ない田舎（the country）での生活はあまり健康的ではない。

最初に**関係副詞**の **where** と **when** の注意点をまとめてしまおう。まず **where** だ。

---

❶ **Kyoto is a city which is famous for its long history.** （関係代名詞）
「京都はその長い歴史の故に有名な町だ」

---

❷ **Kyoto is a city where there are many old temples and shrines.** （関係副詞）
「京都は多くの古い神社仏閣がある町だ」

1つ目の注意事項は**関係副詞 where と関係代名詞 which との区別**だ。上の❶，❷を比べるとわかるように，どちらも a city が先行詞だ。このように場所を表す先行詞を修飾するときは，which と where の使い分けが重要だ。which はあくまでも関係代名詞であり，**関係詞節の中にあった名詞の代わり**（→ **Lesson 23**）である。上の❶では，The city is famous ... の **The city** が **which** に置き換わっている。

Kyoto is a city [which is famous for its long history].
↑
The city is famous for its long history.

これに対し where は関係副詞であり，簡単に言うと〈前置詞＋名詞〉の置き換えである。たとえば❷は，もともと There are many old temples and shrines in the city. という文があり，文中の in the city が where に置き換わっている。別の言い方をするなら，**関係代名詞 which のあと**には**名詞が1つ足りない文**が続き，**関係副詞 where のあと**には**完全な文**が続く。

Kyoto is a city [where there are many old temples and shrines].
↑
There are many old temples and shrines in the city.

この which と where の使い分けのほかに，英作文ではほかにも注意点がある。

---

❸ **Kyoto is the city where I was born.** 「京都は私が生まれた町だ」

---

❷では先行詞が a city だが，❸は the city だ。この**先行詞の形の使い分け**は，関係代名詞の場合と同様の考え方（→ **Lesson 22**）で，関係副詞に関しても必要だ。さらに次の❹では非制限用法的に where が使われている。

---

❹ **I like to go to the countryside, where I can relax.**
「私はくつろげる田舎に行くのが好きだ」

この文は where 以下を because I can relax there と言っても同じであり，そちらのほうが英作文ではお薦めだ。このように**制限用法的な使い方と非制限用法的な使い方を区別**して，後者では **because** や **but に置き換えたほうがよい**のも関係代名詞の場合と同じだ（→ **Lesson 26**）。

以上，すべてのことは where だけでなく同じ**関係副詞**の **when** にも当てはまる。

---

❺ **Summer is the season which I like most.** （関係代名詞＋不完全な文）

❻ **Summer is the season when it rains most.** （関係副詞＋完全な文）

❼ **The next day was a day when I had a lot to do.**

❽ **It is not advisable to travel to Japan in June, when it rains a lot.**

---

❺と❻で**関係代名詞 which と関係副詞の when の使い分け**を確認しよう。さらに❻と❼で**先行詞の形の違い**を確認しよう。さらには❽は**非制限用法的**に when が使われていること，そしてこの例文では when を使っているが，**because** を使って書いたほうが本当は簡単だということを確認しよう。

まとめ 関係副詞の where と when
- ◉**関係副詞**は**〈前置詞＋名詞〉**の置き換え。
- ◉**先行詞の形**は関係代名詞の場合（→ **Lesson 22**）と同じように使い分ける。
- ◉**非制限用法**に注意。非制限用法は **because** や **but** で置き換えが望ましい。

1 **Most people love the place where they were born and brought up [grew up].** ▶先行詞には the を付ける。

2 **Life is not very healthy in the country, because you have to depend on your car.** ▶非制限用法の代わりに because で書くと簡単だ。

Lesson 28 関係副詞の why と how

例題

1 駅への行き方を教えてくれませんか。

2 話し方で彼は大阪出身だとわかる（see）。

関係副詞には前の課で学んだ where，when のほかに，**why** と **how** の２つがある。この課はこの why と how を学んでいく。

この２つのうち，why に関しては間違えるような点はほとんどない。

---

❶ **This is the reason why he was late.**
「これが彼が遅刻した理由だ」

---

❷ **This is the reason which kept him from coming.**
「これが彼が来られなかった理由だ」

---

why は **reason「理由」という名詞を修飾するときにのみ使う**。けれども，あくまでも関係副詞であるという文法的な性質を理解して，which との使い分けをしっかりしなければいけない。

❶の関係詞節は，もともと He was late for the reason. という文の下線部の〈前置詞＋名詞〉が **why** に代わったのであり，他方❷では，The reason kept him from coming. という文の主語に当たる the reason が **which** に代わったのである（〈keep＋人＋ from -ing〉は「人が～するのを妨げる」という意味の熟語）。

この点だけは注意してほしいが，それだけでよい。**why は非制限用法で使われることはない**ので，ほかの関係詞で面倒だった注意点はここにはない。さらに**先行詞の形**についても，the reason というように the を付けて使うことがほとんどだと思ってよい。なぜなら，たとえば「電車が遅れたから遅刻した」のように何かを引き起こす直接的な理由は１つだから，「遅刻した理由」と言うときには the reason why I was late とすればよいからだ（このあたりがじゅうぶん理解できていない人は，もう一度 **Lesson 22** を復習しておこう）。

それに対し，how は少し間違いを誘発しやすい。まず，基本を確認しておこう。how は way「やり方」を修飾する関係副詞だ。

（×）**This is the way how he escaped from the fire.**
「これが彼が火災から逃れたやり方です」

このように使われるはずなのだが，how に関してだけは，ほかの関係副詞にはない「ローカルルール」がある。それは**「先行詞の the way か関係副詞の how のいずれかを必ず省略しなければいけない」**という変なルールである。したがってこの文を正しく書き直すと，次のいずれかになる。

---

❸ This is the way he escaped from the fire.

---

❹ This is how he escaped from the fire.

---

how も非制限用法で使われることはないので面倒なのはこの点だけだ。ただ how に関しては，受験生の答案を見ていると，**〈疑問詞＋ to 不定詞〉との区別**がつかない人が多いようだ。

---

❺ I don't know how to do this job.

このような文を中学校で習うわけだが，❸や❹も「火災から避難したやり方」，❺も「この仕事のやり方」，というように日本語にしてしまうと同じになってしまうので使い分けができなくなってしまうのだろう。しかし❺のような**〈疑問詞＋ to 不定詞〉**の形は，あくまで「これからどのように…すべきかということ」という意味を表す。見かけの日本語に惑わされずに，きちんと使い分けよう。

まとめ how の注意点

◉〈the way SV〉または〈how SV〉で「～のやり方」という意味を表す。
◉〈the way how SV〉は誤り。
◉〈how ＋ to 不定詞〉は「これからどのように…すべき」という意味を表す。関係副詞の用法と区別が必要。

1 Could you tell me how to get to the station?

▶「電話番号を教える」のように，**一言で伝えられること**には teach は使わず **tell** を使う。また**道順をたずねる場合**は go to ～ではなく **get to ～**「～へたどり着く」を使う。

2 You can see that he comes from Osaka from the way he talks.

▶前問とは異なり，「話し方」は〈how ＋ to 不定詞〉では誤り。「～出身」は come from ～を現在形で使う。

復習問題

（関係詞の使い方 P.58 ~ P.71）

Lesson 22 ～ Lesson 28 で学んだことをチェックしよう。

1 彼は，彼に言わせれば非常に魅力的な女性とつき合っている（go out with ～）。

2 自転車は有害なガスを出さ (produce harmful gases) ずに，どこにでも行ける交通手段だ。

3 飼い主を癒(いや)してくれる（heal）ペットが今人気だ。

解答例・解説

解説を読みながら添削しよう。
間違えたところは例題の頁に戻って解説を確認しよう。

1 He is going out with a woman who he says is very attractive.

➲「彼に言わせれば魅力的な女性」という部分を，**Lesson 24** で学んだ**複文構造の関係詞節**で書けばよい。He says a woman is very attractive.「彼はある女性が非常に魅力的だと言っている」という文から，その中の a woman が関係詞に代わったと考えて，a woman who he says is very attractive とする。**先行詞は〈a ＋名詞〉**が好ましい。魅力的と言える女性は世の中にたくさんいて，彼女はそのうちの一人であるからだ。

2 Bicycles are a means of transportation by which you can go anywhere without producing harmful gases.

別解 Bicycles are a means of transportation which enables you to go anywhere without producing harmful gases.

➲「なんちゃって関係代名詞」にならないように気をつけること。「どこにでも行ける手段」を a means of transportation which you can go anywhere のようにしてはいけない。**by the means** で**「その手段で」**。この熟語を知っていれば最初の解答例のように関係代名詞に前置詞を付けて解決するのも１つのやり方だ。知らなければ 別解 のように**〈enable ＋人＋ to do〉「人が…するのを可能にする」**を使って書くというやり方もある。**means「手段」**の綴りの最後の s は複数の s ではない。こういう綴りなのだ。可算名詞であり，a を忘れないように。

3 Pets are popular these days because they heal the [their] owners.

➲問題文に「癒してくれるペット」とあるが，それでは「癒してくれないペット」というものはいるのだろうか？　ペットはみな癒しになるのだ（と書き手は言いたいのだ）。つまり「癒してくれるペットは人気があるが，癒してくれないペットは人気がない」のようにペットを分けて考えようとしているのではなく，話者によればペットはみな人気があり，「癒しになる」は「ペット」を修飾しているようでいて，実は「癒しになるから」と**「理由」を述べているにすぎない**というわけだ。つまり，関係詞でこの部分を表すなら**非制限用法的**に使わなければならないし，それよりも「理由」を述べていると考えて **because** を使って書くのがお薦めだ。**pets** は**無冠詞**複数であるのに対し，the **owners** であることに注意（→ **Lesson 63**）。

4 ガソリンをあまり消費しない車が今人気だ。

5 いつも交通量が多い東京で車を運転するのは愚かしい。

6 彼に関して一番印象的だったのは，彼がいつも微笑みを絶やさないということだった。

7 雨の多い夏に日本を旅行するのはよい考えではない。

8 外国を旅行すると，外国の人の考え方から多くを学ぶことができる。

4 Cars which don't consume a lot of gas are popular these days.

➡ **3** と比べてもらいたい。日本語では非常に似ているが，今度は「ガソリンを使う車は不人気であり，ガソリンを使わない車は人気がある」というように，**「車」をそのあとの関係詞によって制限することに**非常に大きな意味があるわけだ。したがって今度は関係詞を制限用法的に使うことになる。先行詞の形（cars）が無冠詞複数になっていることにも注目。

5 It is stupid to drive in Tokyo because the traffic is always heavy there.

➡「交通量が多い東京」とあるが，「交通量が少ない東京」があるわけではない。「交通量が多い」はよけいな語句である。したがってもし関係詞を使うなら**非制限用法的**に使って，... Tokyo, where the traffic is always heavy のようにすることになる。しかし「交通量が多いから，東京では車は無駄」と言いたいのだ。それなら **because** を使って書けば話が早い。

6 What impressed me most about him was that he always smiled.

別解 What I was impressed by most about him was that he never stopped smiling.

➡ **「私が最も印象を受けたこと」**の部分をうまく **what** を使って表現するのがポイントだ。impress は「物が人に印象を与える」という意味だから，物を主語にすれば ［　　］ impressed me.「［　　］が私に印象を与えた」という文ができ，その［　　］のところにあった主語を what にして，What impressed me とするのが 1 つのやり方。もう 1 つは，受け身を使い，I was impressed by ［　　］.「私は［　　］に印象を与えられた」という文を考え，［　　］を what に代えれば What I was impressed by「私が印象を与えられたこと」なる。どちらでもよいが後者を使うなら **by という前置詞を忘れぬこと**。

7 It is not a good idea to travel in Japan in summer, because in summer it rains a lot.

➡ **「雨の多い夏」**を表すのに，**関係詞を非制限用法的に使う**か，または **because を使って表す**かということがポイント。

8 If you travel abroad, you can learn a lot from the ways foreign people think.

➡ **「外国の人の考え方」**を，うまく**関係副詞**を使って表そう。

Lesson 29 副詞の基本（1）

例題
1 今度の日曜日にガールフレンドと海（the beach）に行く予定です。
2 次の信号を右に曲がればすぐに駅が見えます。

副詞は，たとえばHe gets up early. という文のearlyのように，「語尾が -ly で文末にあって動詞を修飾するもの」というイメージがあると思うが，-ly で終わらなくても副詞的に使えるものが結構ある。

たとえば中学校で習う **here** や **there** は副詞だ。**副詞**ということは，簡単に言えば**〈前置詞＋名詞〉と同じ役割**をする。He gets up at six.「彼は6時に起きる」とHe gets up early.「彼は早く起きる」という文を比べるとわかるように，名詞なら前置詞が必要になる場面で，副詞にはそれが必要ない。つまり，中学校以来「～に行く」は〈go to ～〉と暗記していて，確かに「駅に行く」は go to the station だが，「あそこに行く」を（×）go to there としてはならず，（○）go there としなければならない。とりわけこうした「熟語」的な表現と結び付くときに，しばしば間違いが見受けられるので注意してもらいたい。

英作文に頻出で基本的な副詞を少しまとめてみることにする。「時」を表すものと「場所」を表すものには特に注意が必要だ。副詞としての性格がわかるように，**名詞を使った表現と比べながら**覚えよう。まず「**場所**」を表す副詞から。

覚えよう！「場所」を表す副詞（それぞれ左の欄が副詞を使った表現）

副詞			名詞	
go there	あそこに行く	⇔	**go to school**	学校に行く
stay here	ここに滞在する	⇔	**stay in Osaka**	大阪に滞在する
live abroad	外国に住む	⇔	**live in Tokyo**	東京に住む
get home	家に着く	⇔	**get to the station**	駅に着く
turn right ▶ left も同じ	右に向く	⇔	**turn to him**	彼のほうを向く
fly east ▶ほかの方角も同じ	東に飛ぶ	⇔	**fly to the island**	その島まで飛ぶ
go downtown	街中に行く	⇔	**go to Shinjuku**	新宿に行く

同様に，「時」を表す副詞に関してもまとめておこう。

覚えよう！「時」を表す副詞

meet her today ▶ yesterday / tomorrow なども同様	➡ 今日彼女に会う
eat out the day after tomorrow ▶ the day before yesterday 「おととい」も同様	➡ 明後日に外食する
was / were born twenty years ago	➡ 20年前に生まれた
feel tired these days	➡ 最近疲れを感じる
went to my hometown the other day	➡ 先日，故郷を訪れた
go there next Sunday ▶ this / that / last / every も同じ	➡ 今度の日曜にそこに行く

特に最後のものに気をつけてもらいたい。「日曜に」は on Sunday というように，ふつう日付には on，「夏に」は in summer というように月や季節には in を付けるが，「**今度の日曜に**」は on next Sunday とはせず **next Sunday**，「**今度の夏に**」も in next summer とはせず **next summer** とする。つまり **next が付くと副詞的に扱う**のだ。this summer / that summer / last summer / every summer なども同様だ。

ほかに「場所」「時」を表すもの以外にも入試対策に覚えておくとよいものがあるので以下に示しておく。

覚えよう！そのほかの副詞

communicate face to face	➡ 顔をつき合わせて（eメールなどを使わず）コミュニケーションする
communicate online	➡ インターネット上でコミュニケーションする
learn about nature firsthand	➡ 直接（実体験で）自然について学ぶ

1 I am going to the beach with my girlfriend next Sunday.

▶ **next Sunday を副詞的に使う。つまり前置詞は要らない。**

2 If you turn right at the next (traffic) light, you will see the station.

▶ turn right の成り立ちは上で述べたとおり。**「信号」**は signal ではなく単に **light**，または **traffic light** と言う。

Lesson 30 副詞の基本（2）

1 携帯電話は今日の日本では必要不可欠だ。

2 家に帰る途中，私はにわか雨にあった。

前の課で学んだ〈前置詞＋名詞〉の代わりとしての副詞には，もう１つ別の使い方がある。

前の課で学んだのは次のようなものだった。

---

❶ **I got to the station in five minutes.**

---

❷ **I got there in five minutes.**

言うまでもなく❷の **there** は**副詞**で，したがって❶の to the station という**〈前置詞＋名詞〉と同等の扱い**を受けるわけだった。別の言い方をすれば，１語で動詞を修飾することができるということだ。

今度は次のような２つの文を比べてみよう。

---

❸ **The climate in Tokyo is mild even in winter.**
「東京の気候は冬でさえ温暖だ」

---

❹ **The climate here is mild even in winter.**
「ここの気候は冬でさえ温暖だ」

---

❸の in Tokyo という〈前置詞＋名詞〉は，後ろから the climate という名詞を修飾している。❹の here は副詞だから，この in Tokyo と同じように後ろから the climate を修飾することができる理屈だ。「ここの気候」と言われると，（×）the climate of here や（×）here's climate などにしてしまいそうだが，**here は副詞**なのだから，名詞のように所有格にしたり，前置詞を付けることはできない。（○）the climate here が正解である。

つまり前の課で挙げたような副詞は，動詞を修飾するほかに，**名詞を後ろから修飾**できる，というのがポイントだ。名詞を修飾するのは形容詞の役割と思いこんでいる人にとっては，副詞が名詞を修飾する，というのは少し変に聞こえるかもしれない。けれども，**名詞を修飾する副詞**は結構ある。たとえば **only** や **even** もそうだ。

❺ **Only the boy could do it.**

❻ **Even the boy could do it.**

❺や❻の only や even はどちらも the boy を修飾している副詞だ。形容詞だったら，the small boy のように名詞の直前，つまり冠詞と名詞の間に割り込むような位置に置くわけだが，**副詞の場合**は the boy 全体にかかっていると考えて，**冠詞などの前に置く**ところが形容詞との違いだ。

つまり副詞は名詞を修飾するが，形容詞との違いは❹のように名詞を後ろから修飾したり，❺や❻のように冠詞などよりも前に置くことだと考えてもらえればよい。そしてそのどちらのタイプになるのかは副詞によって違うのだが，**〈前置詞＋名詞〉の置き換えになるような副詞**（→ **Lesson 29**）は，**すべて後ろに置く**と覚えてもらって差し支えない。

まとめ 〈前置詞＋名詞〉の代わりになる副詞

〈前置詞＋名詞〉の代わりになる副詞は，名詞を後ろから修飾できる。

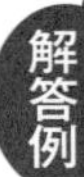

1 The cell phone is indispensable in Japan today [these days].

▶「今日の日本」や「現代の日本」を英訳するとき，たいていの受験生は today's Japan や modern Japan と書いてしまう。どちらも間違いではないが，もっとよい表現が上の解答例に挙げた Japan today や Japan these days だ。Japan in the 19th century と言えば「19 世紀の日本」である。その in the 19th century という〈前置詞＋名詞〉を **today や these days などの副詞に置き換える**と考えればよい。

2 I was caught in a shower on my way home.

▶「～へ行く途中」は〈on one's way to ～〉という熟語で表す。たとえば on my way to school で「学校へ行く途中」。**副詞の home を to school の代わり**にすればよい。

Lesson 31 副詞の位置と修飾の関係

1 今年の夏は例年にないくらい暑かった。

2 環境にやさしい車が，今，話題になっている。

それでは語尾が -ly で終わるタイプの副詞に話を戻そう。この **-ly で終わるタイプの副詞**には２つの役割がある。

---

❶ **He did the job quickly.**
「彼はその仕事をすばやくした」

---

❷ **He is very rich.** // **He did it very well.**
「彼はすごくお金持ちだ」　「彼はそれをすごくうまくした」

---

❸ **He is considerably rich.** // **He did it considerably well.**
「彼はかなりお金持ちだ」　「彼はそれをかなりうまくした」

１つは❶の「すばやく…した」のように，**動詞を修飾するタイプの副詞**である。一般的に副詞というと，このタイプの印象が強いと思う。このような動詞を修飾するタイプの副詞は，例外もあるが，**原則は文末に置く**。

それに対して，❷の２つの文の **very** は，「すごく…お金持ち」のように **rich** という**形容詞を強めたり**，「すごく…うまく」のように，**well** という**副詞**を強めたりしている。この **very も副詞**である。一般に副詞というのは，それを取り去っても残った部分が文として成り立つような，いわば「おまけ」のことである。❶の quickly を取り去っても文として成り立つように，❷の very を取り去っても文は成り立つわけだから，これも副詞なのだ。そして，この❷タイプの副詞は，❶のように文末に置いて（×）He is young very. とはせず，**強めたい単語の直前に置く**。

副詞と一口に言っても，❶タイプのものと❷タイプのものがあるわけだ。しかし，ふだん，あまりそういったことを気にしなくてもうまくいくのは，❶タイプの副詞はだいたい -ly で終わり，❷タイプの副詞は very や so など，ごく少数の使い慣れたものが多いからだ。ところが一見，❶タイプの副詞と間違えそうな，けれども本当は❷タイプの副詞が結構存在する。たとえば❸の considerably「かなり」のようなものがそうだ。❸からわかるように，いくら -ly で終わっていても，**❷タイプなのだから**，たとえば（×）He is rich considerably. のように**文末に置いてはいけないのだ**。

まとめ 副詞の位置

◉動詞を修飾する場合 ➡ **文末**に置くのが原則。
◉形容詞や副詞を強めたり修飾する場合 ➡ **被修飾語の直前**に置く。

このまとめにも「形容詞や副詞を強めたり修飾する」と書いたが，「強め」，「修飾」ということの意味がわかるだろうか。**「強め」**は❷や❸のような用法だ。それに対して次の❹の例文のように，「～の点から見て」という意味を持つこともある。これが**「修飾」**ということである。

---

❹ **It is theoretically possible.**
「それは理論上は可能だ」

それぞれの用法に関して，覚えておくと便利な表現をいくつか学んでおこう。

覚えよう！ 「強めの副詞」と「修飾の副詞」

強めの副詞

It is unusually hot today. 「今日はいつになく暑い」

修飾の副詞

This is an environmentally-friendly car. 「これは環境にやさしい車だ」

He is internationally-minded. 「彼は国際（的な精神を持った）人だ」

「強めの副詞」の **unusually** は英作文でよく使う。「例年になく雪が多い」「いつになく雨が少ない」など，いつでも使えそうだ。「修飾の副詞」の2つの例文も，次にくる形容詞とセットで覚えておこう。最後の例文の「国際人」を単に international として（×）He is international. などと書いてしまう人がいるが，間違いだ。人間としては無国籍ではなく，考え方が国際的な人を「国際人」と呼ぶのだ。minded「精神を持った」という形容詞を internationally が修飾するのである。なお，environmentally-friendly と internationally-minded は，副詞がもう形容詞と一体化してしまったものとしてハイフンでつなぐのがふつうだ。

1 **It was unusually hot this summer.**

2 **Everyone is talking about environmentally-friendly cars these days.**

▶「話題になっている」が難しい。解答例のほかにも，People often talk about ... など，いくつか考えられる。

Lesson 32 程度を表す表現(1) (so ー that 構文)

例題
1 彼女はその知らせに驚いたので，ほとんど気を失い（faint）そうになった。
2 彼は寝る暇もないくらい宿題で忙しかった。

本課の本題に入る前に，前の課の補足をしておこう。
「彼はとてもテニスが得意だ」という文を英作文すると考えてみよう。

---

❶（×）**He is good at tennis very much.**

---

❷（○）**He is very good at tennis.**

---

❶の間違いをする人は結構多い。be good at ～「～が得意だ」は熟語として覚えている人も多いと思うが，実際は，**good** が「得意な」という**形容詞**なのであり，これを強調するには，❷のように**その直前に very などの副詞を置く**のだ。

また，「その知らせにとても驚いた」を，❸のように書いてしまう人も多い。

---

❸（×）**He was surprised at the news very much.**

---

❹（○）**He was very surprised at the news.**

---

be surprised を受け身ととることも可能だが，こうした**感情を表す動詞の過去分詞**は**1つの形容詞**になってしまっていると考える。したがって，「とても驚いていた」とするなら very surprised とするのが正解だ。

まとめ 「とても」を表す副詞の注意
◉たとえ「熟語」でも，**形容詞を強める**には**その直前に副詞**を置く。
◉**感情を表す動詞の過去分詞**は**形容詞扱い**。

さて，形容詞や副詞を強めたり修飾したりする副詞として very の代わりにいろいろな副詞が使えることはすでに述べたとおりだが，**〈so ー that〉構文**もその1つだ。

---

❺ **He is so rich that he can buy anything.**
「彼は何でも買えるくらいお金持ちだ」

---

so「そんなに」を **very などと同じ位置**に置いて rich を強め，その「そんなに」

が具体的に「どのくらいに？」なのかを **that 節**のあとでより詳しく説明するのが **〈so ー that〉構文**だ。しかし，少し問題点もある。まず形の面から見てみよう。

---

❻ **He is so good at tennis that nobody can beat him.**
「だれも彼に勝てないくらい，彼はテニスが得意だ」

---

❶や❷で学んだように，❻も He is good at tennis so much that ... などと書いてしまってはダメだ。**very と同じ位置に so** を置かなければいけない。つまり very の使い方から❶や❸のような勘違いをしてしまう人は，〈so ー that〉構文も間違えてしまう危険があるということだ。

また意味の面でも注意してほしいことがある。それは**程度**を表す **〈so ー that〉構文**と**理由**を表す **because などの接続詞の使い分け**だ。たとえば「彼は疲れていたので電車で居眠りした」は，次の❼，❽のどちらで表現すべきかということだ。

---

❼ **He was so tired that he fell asleep on the train.**

❽（△）**He fell asleep on the train because he was very tired.**

❾ **He didn't go to school today because he had a fever.**

結論から言うと，**「当然の帰結」**を表すときには **because** などの**理由を表す接続詞**を使うとよい。ふつう熱があれば当然学校は休む。その場合は❾のように because を使って表すとよい。しかし❽のように表現すると，あたかも疲れていれば当然居眠りすると言っているように聞こえる。そうではなく，そのくらい疲れていたと**大げさに，また比喩的に表現したい**のだ。その場合は **〈so ー that〉構文**を使い，❼のようにするのがよい。

まとめ 〈so ー that〉構文の注意

◉ **so** はあくまでも very と同じ位置（**被修飾語の直前**）に置く。
◉ **because** は**当然の帰結**，**〈so ー that〉構文**は**程度**を**比喩的**・**大げさに強調**。

解答例

1 She was so surprised at the news that she almost fainted.

▶ because を使うのはやめよう。驚いたからといって必ず気を失うわけではない。そのくらい驚いたと**比喩的に強調**したいのだ。**so の位置**にも注意。

2 He was so busy with his homework that he didn't have time to sleep.

Lesson 33 程度を表す表現(2)（such — that 構文）

1 彼は急いでいたのでドアのカギを閉めるのを忘れた。
2 それは感動的な（moving）映画だったので，彼は涙を抑えられなかった。

この前の課では〈so — that〉構文を中心に学んだが，類似の表現として〈such — that〉構文がある。〈so — that〉構文と**〈such — that〉構文**はどこが違うのだろうか。

結論から言えば，両者は「似たようなもの」である。ただし**so と such の使い方が違う**。次の表を確認しておこう。

● so と such の使い方

	＋形容詞（副詞）	＋名詞	＋形容詞＆名詞
so	**so nice**	×	**so nice a man**
such	×	**such a man**	**such a nice man**

so と such はどちらも「そんなに～」「そんな～」という意味を持つ類語だが，使い方が対照的だ。「そんなにすばらしい」のように**後ろに形容詞や副詞のみ**がくる場合は **so** を使い，「そんな男」のように**後ろに名詞だけ**がくる場合は **such** を使う。ところが「そんなにすばらしい男」のように後ろに形容詞と名詞の両方が続く場合は，**so と such のどちらを使ってもよいのだが，語順が異なる。**

such の場合は **such** a man や **such** a nice man のように，such を取り去っても a man，a nice man のようにそれだけでも成り立つ。そしてその前に such を付けて，**such** a man，**such** a nice man のようにすると考えればよい。ところが so の場合，a nice man という本来の順番が，**so** nice a man のように変化する。つまり，具体的に言えば，**so につられて形容詞 nice が冠詞の前に出る**ところに特徴がある。これらの違いを踏まえて so と such を使い分け，それに so や such を具体的に修飾する that 節を付け加えれば〈so — that〉構文，〈such — that〉構文ができあがる。

❶ **He was so afraid of ghosts that he couldn't sleep.**

❷ **He explained it in such a way that everyone understood him.**

❸ **He is so great a politician that everyone admires him.**
= He is such a great politician that everyone admires him.

たとえば❶は afraid という**形容詞**を **so** が修飾，❷は a way という**名詞**を **such** が修飾，❸は a great politician という**〈形容詞＋名詞〉**を **so** や **such** で修飾（ただし語順に注意）しているのがわかるはずだ。

基本をまとめたところで，今回は**〈such ー that〉構文**に関して注意点を述べる。

まず**形の面**で言うと **such** は**名詞を修飾**するわけだが，such a man のようにいわば「はだかの名詞」を修飾するときには問題ないのだが，**〈前置詞＋名詞〉**の名詞を修飾するときに **such の位置**を間違える人が結構いる。

たとえば❷のように，explain it in a way「あるやり方で説明する」に **such** を加え「そんなやり方で説明する」と言うときは explain it in **such** a way である。特にこのような熟語的な表現で間違える人が多い。例題の **1** のように，「急いでいる」は He is in a hurry. と言うが，「そんなに急いでいる」は He is in **such** a hurry. だ。これをしばしば（×）He is such in a hurry. と書いてしまう人がいるので注意。

他方，**意味の面**での注意点は〈so ー that〉構文のときと同じだ。例題 **1** でも，「急いでいたのでドアのカギを閉めるのを忘れた」と言われると，because など理由を表す接続詞を使ってもよさそうに思えるかもしれないが，本当はあまり好ましくない。because を使うと，あたかもこの人は急いでいるときにはいつでも当然のようにカギを忘れるように聞こえてしまう。前の課で述べたように，やはり **because は当然の帰結を表すときに使う**のである。例題 **1** で言えば「カギを忘れるくらい急いでいた」というふうに，場合によっては**大げさな**，または「天にも昇るくらいうれしかった」のように**比喩的に程度を強調したい場合**は，やはり**〈so ー that〉構文**や**〈such ー that〉構文**を使うべきだ。このようなときに because を使うと，「うれしかったから（いつものように）天に昇った」と言っているように聞こえてしまう。

まとめ〈such ー that〉構文

◉ **such** は**〈a ＋名詞〉の直前**に付ける。
〈前置詞＋名詞〉に付けるときも〈前置詞＋ **such** ＋ a ＋名詞〉の語順。

◉ **because** は**当然の帰結**，**〈such ー that〉構文**は**程度の強調**で使う。

1 He was in such a hurry that he forgot to lock the door.

2 It was such a moving film [so moving a film] that he couldn't help crying.

Lesson 34 目的を表す表現 (so that 構文)

例題
1 おっしゃっていることがわかるように，もう少しゆっくり話していただけませんか。
2 風邪をひかないように，彼は旅行にセーターを持って行った。

本課では「目的を表す表現」を学ぼう。目的というと to 不定詞を使った表現をまず思い浮かべるかもしれないが，**目的を表す〈so that〉構文**もある。

---

❶ **He is so busy that he doesn't even have time to sleep.** (程度)
「彼は忙しいので寝る暇さえない」

---

❷ **He stepped aside so that she could get in.** (目的)
「彼女が中に入れるように，彼は脇にどいた」

---

❶はすでに学んだ**程度を表す〈so ー that〉構文**である。それに対して，それと形は似ているが，❷は**目的を表す〈so that〉構文**である。❶では so が形容詞（または副詞）の前に置かれ，so と that が離れているが，❷では **so that というかたまり**で１つの接続詞のように使われている。このように so that を使うと，**目的「…するために」**ということを表せる。

この，目的を表す〈so that〉構文は，便利なのだが１つだけ気をつけてもらいたい約束がある。まずそれを述べておこう。それは，**so that 節の中に必ず助動詞を入れる**，ということである。日本語でも，たとえば「試験に受かることができるように勉強した」のように言う。試験に受かるかどうかは未確定であり，目標にすぎないことを表すためだ。英語でも同じように，**so that 節の中に書かれたことが未確定**であることを表すため，未来を表す will や「…できるように」という可能の意味を表す can，「…するかもしれないように」を表す may を使うのだ。意味的に合いそうなものを選んでほしい。そしてさらに，主文が過去形のときには，so that 節の**助動詞も時制の一致**をして，過去形にすることを忘れないように。

まとめ 〈so ー that〉構文と〈so that〉構文

◉ **〈so ー that〉**は**程度**，**〈so that ＋助動詞〉**は**目的**を表す。
◉ **〈so that〉構文**は**時制の一致**に注意。主文の動詞が過去形のときは so that 節の助動詞も過去形にする。

さて，冒頭で述べたように，ふつうは「目的」というと中学校で習ったように to 不定詞を使って書きたくなるものだ。あえてこの面倒な〈so that〉構文を使う意義はどこにあるのだろうか。

❸ **He studied hard to pass the exam.** （目的を表す to 不定詞）

❹ **He studied hard so that he could pass the exam.** （目的を表す so that）

上の❸，❹はどちらも同じ意味を表している。この場合なら，単純に❸のように to 不定詞を使って書けばよいようなものだ。ところが**否定の目的**，つまり**「…しないように」**を表す場合はどうだろうか。

❺ （×） **He ran to the station not to miss the train.**

❻ **He ran to the station so that he would not miss the train.** （否定の目的）

to 不定詞の否定は〈not to〉などと学校では習うと思うが，実は「否定の目的」，つまり「…しないように」を表すときには，この〈not to〉は使えないというのが文法のルールだ。したがって「…しないように」を表すには，❻のように **so that を使うほかない**わけだ。

また，「彼女が読めるように彼はその本を彼女にあげた」のように，主文と so that 節の中の**主語が違う場合**を見てみよう。

❼ **He gave her the book for her to read it.** （意味上の主語 — 不定詞）

❽ **He gave her the book so that she would read it.** （意味上の主語 — so that）

不定詞を使う場合は❼のように**意味上の主語**を**〈for ＋人〉**という形で表さなければならない。これを付ければ不定詞でも表せないことはないが，簡単なのは❽のように **so that** を使う方法だ。つまり，面倒なようだが，文が複雑になるほど〈so that〉構文が生きてくる。ぜひ目的を表す場合は，この構文を使いこなしてもらいたい。

1 Could you speak a little more slowly so that I can understand what you are saying?

▶主文と so that 節の主語が違うときは，so that が便利だ。

2 He took a sweater on his trip so that he would not catch a cold.

▶「…しないように」を表すときも so that が簡単だ。時制の一致も忘れないように。

Lesson 35 逆接と譲歩を表す表現

例題
1 たとえ雨が強く降っていても，彼はかさを持たずに出かける。
2 どんな仕事をするのでも，ベストを尽くすように心がけなければいけない。

目的と並んで英作文でよく使う機会があるのが**逆接**と**譲歩**だ。この２つはよく混同されるが，「**逆接**」というのは「今日は雨だけれども彼は出かけた」のような言い方であり，他方，「**譲歩**」というのは「たとえ明日雨でも彼は出かける」のような言い方である。つまり**逆接**はそこに書かれたことがすでに**確定した事実**だが，**譲歩**は**未確定のこと**について使うと考えよう。日本語で考えてもこの両者は何となく似ているが，まずこの両者をしっかり区別することから始めたい。

それではまず**逆接**はどのように表したらよいのだろうか。

◉逆接を表す接続詞

❶ **He is young, but he has a family to support.**

❷ **Though [Although / Even though] he is young, he has a family to support.**

上の❶❷に示したように，**逆接を表す接続詞**には，**but** とそのほか **though**，**although**，**even though** がある。こちらは特に問題はないだろう。それに対して**譲歩を表す接続詞**にはどんなものがあるだろうか。

◉譲歩を表す接続詞(1)

❸ **Even if it is difficult, I will give it a try.**

❹ **Whether he did it on purpose or not, it's his fault.**

譲歩を表す接続詞には❸の **even if** や❹の **whether** がある。まず❷の **even though** と❸の **even if** を区別してもらいたい。**even though** は「**…だけれど**」の意味で**逆接**を表すが，**even if** は「**たとえもし…でも**」の意味で**譲歩**を表す。

さらに細かい区別だが，❹の **whether** は「**～であれ，…であれ**」のように，**両方の可能性を併記する**のに対し，❸の **even if** は「**たとえもし難しくても**」のように**片方の可能性だけを書く**。したがって，whether は通常，**〈whether A or B〉** のように書くのに対し，even if は or を伴わない。

譲歩を表す接続詞は even if や whether だけではない。それ以外にもある。

◉譲歩を表す接続詞(2)

❺ **No matter where** you go, I will follow.
「たとえ君がどこに行くのでも，私はついて行く」

❻ **No matter who** disagrees, I will do it.
「たとえだれが反対しても，私はそれをやるつもりだ」

❺❻のように，**〈no matter ＋疑問詞〉**の形でも**譲歩**を表すことができる。❺のように **no matter where** なら**「たとえどこに…でも」**，❻のように **no matter who** なら**「たとえだれが…でも」**といったようにだ。

しかし **Lesson ３**の疑問文や **Lesson 16** の名詞節と同じように，疑問詞から派生した言い方には注意点がある。もちろん **how** や **what** や **which** に関してだ。「どのくらい…？」を表す **how** は必ず**形容詞や副詞**を伴って，How old is he? の形にしたように，次の❼のように **no matter how** も，**後ろに形容詞**を伴って使う。その**語順**に注意だ。**what** も同様だ。**「どんな～？」**の意味のときには What season do you like? のように名詞を伴って使う（→ **Lesson ３**）。同様に **no matter what** も，「**たとえどのような～**」という意味のときには，❽のように**名詞**をしたがえて使う。which も同様だ。

❼ **No matter how busy** he is, he will help you.

❽ **No matter what book** you read, you can always learn something from it.

> **まとめ　逆接と譲歩を表す接続詞**
> **◉逆接** ➡ but, though, although , even though
> **◉譲歩** ➡ even if, whether A or B,〈no matter ＋疑問詞〉
> ただし，no matter how と no matter what［which］は語順に注意。

1　Even if it rains hard, he doesn’t take his umbrella when he goes out.

別解 No matter how hard it rains, he goes out without taking his umbrella.

2　No matter what job you do, you should try to do your best.

Lesson 36 原因・理由を表す表現

例題
1 台風のためにその町の多くの家屋が浸水した (be flooded)。
2 彼はとても疲れていたので学校に行きたくなかった。

英作文のときに一番失敗しやすいのは，**日本語からの安易な連想によるミス**である。たとえば日本語では，目的を表すときに「英語を勉強するために留学する」と言い，原因を表すときも「大雪のために電車が止まる」と同じように言うが，英語ではこの**目的を表す「…ために」**と**原因を表す「～ために」**の**使い分け**が必要だ。

さらに，目的を表す「…ために」に関して言えば，**Lesson 34** で学んだように，本来は to 不定詞や〈so that〉構文で表さなければならないのに，受験生の中には for を使おうとする人がよく見受けられる。

---

❶（○）**I don't have any time to study.**

❷（○）**I don't have any time for studying.**

❸（○）**He went to the U.S. to study math.**

❹（×）**He went to the U.S. for studying math.**

確かに，❶や❷の文の「勉強するための時間」のように**名詞を修飾**する場合は，形容詞用法の to 不定詞（❶の文）を使っても，❷のように for を使ってもどちらでもよい。しかし❸の「数学を学ぶために留学する」のように**動詞を修飾**する場合，つまり**目的**を表すには，❹のように **for を使うのは間違い**だ。❸のように **to 不定詞**を使うか，または**〈so that〉構文**を使わなければならない。こうしたときまで for を使うのは，単に日本語に惑わされているだけだと言わざるを得ない。

本課のテーマは**原因や理由の表し方**だが，これに関しても同じような安易なミスが目立つ。特に前置詞に関してその傾向が強い。確かに日本語では，「雪のために電車が遅れた」「雪によって遅れた」のように表現するが，「～のために」のときは for，「～によって」のときは by を使って英訳していたのではしょうがない。それでは単に日本語に左右されているだけだ。

---

❺（○）**The teacher scolded him for being late.**

❻（×）**The flight was canceled for the strong wind.**

---

❺は「遅刻したために先生は彼を叱った」と，一見，for を使って理由を表しているように見えるが，これはたまたま **〈scold ＋人＋ for ～〉**「…のために人を叱る」という熟語があるからである。それを拡大解釈して，❻でも for を使って「強風のために飛行機が運休した」と書くことは間違いだ。つまり例外的に熟語として for で理由を表す場合がないわけではないが，**一般的には日本語の「…ために」につられて理由を for で表してはいけない**，ということだ。

それでは，**理由**はどのような前置詞で表すのだろうか。

---

❼（○） **The flight was canceled because of the strong wind.**

いくつかあるが，一番簡単で使いやすいのは❼のように **because of** だろう。

他方，**接続詞**なら **because** か **so** がよいだろう。

---

❽（○） **He didn't go to school because he had a fever.**

❾（△） **Because he had a fever, he didn't go to school.**

❿（○） **He had a fever, so he didn't go to school.**

ただし **because** は❾のように**文頭に用いるのはあまり好ましくない**とされている。文法的には正しいが，少し演説調で堅苦しいというのがその理由だ。人によっては非常に嫌う人もいるので，やめたほうが無難かもしれない。そうすると❾のように「学校を休んだ，なぜなら熱があったから」のように，日本語と反対の順番で書かざるを得なくなる。そこでお薦めなのが **「だから」** を表す **so** だ。これを使うと❿のように，**日本語と同じ順番**で「熱があった，だから休んだ」のように書ける。

> **まとめ 目的・原因・理由の表し方**
>
> ◉**目的**を表すときは，**to 不定詞**か **〈so that〉構文**を使う。動詞を修飾する場合に〈for ＋名詞〉を使うのは間違い。
>
> ◉**原因**や**理由**を表すときは，**because of（前置詞）**か，**because** や **so（接続詞）**を使う。

1 Many houses in the town were flooded because of the typhoon.

2 He was very tired, so he didn't feel like going [want to go] to school.

別解 He was so tired that he didn't feel like going [want to go] to school.

Section 7 副詞の使い方と重要表現

復習問題

（副詞の使い方と重要表現 P.76 ~ P.91）

Lesson 29 ~ Lesson 36 で学んだことをチェックしよう。

1 今年の６月は例年になく雨が少なかった。

2 彼女は自分の息子のことを心配して (be worried about ~)，夜も眠れなかった。

3 今どきの車は 10 年前の車よりはるかに石油（petroleum）を消費しない。

4 割れないように，その花びんを包装して（pack）くれませんか。

解答例・解説

解説を読みながら添削しよう。
間違えたところは例題の頁に戻って解説を確認しよう。

1 It rained unusually little in June this year.

➲ **unusually** を正しい位置で使えさえすれば，あとは簡単に書けるはずだ。We had unusually little rain ... のように書くことも可能だろう。**比較級**を使って，It rained less than usual ...「いつもより少なく雨が降った」のように書くこともできるのだが，その諸注意については「比較」の項目で学ぶとして，ここではこの unusually をうまく使いこなすことを考えてほしい。

2 She was so worried about her son that she couldn't sleep at night.

➲まず**意味の面**で，because を使うのはあまり好ましくなく，**〈so ― that〉構文のほうがよい**と判断しよう。because は「当然の帰結」の場合に使うが，ここでは「心配すれば，すなわち夜眠れない」とは必ずしも言いがたい。ここでは，「そのくらい心配していた」という**程度を強めたい**のだと考える。次に**形の面**での注意を思い出そう。〈be worried about ～〉は「～について心配する」という意味だが，**worried は形容詞**なのだから，**so はその直前に付ける**。

3 Cars these days consume much less petroleum than cars [those] ten years ago.

➲ **these days「最近」**も **ten years ago「10 年前」**も，どちらも副詞である。これらを使って**後ろから名詞を修飾**すればよい。また，**car「車」**は**可算名詞**であり，可算名詞はこのような**一般論**を表す文の中では**無冠詞複数形**で使う（→ **Lesson 63**）。car という単語が２度出てくるので，できればこれを代名詞に置き換えるほうが好ましい。ただし**修飾語が付いている名詞**は it やその複数の they に置き換えるのではなく，**that** やその複数の **those** に置き換える。

4 Could you pack the vase so that it will not be broken?

➲「花瓶が割れないよう…あなたが包む」のように主語が異なるときなどは，to 不定詞より**〈so that〉構文**を使って目的を表すのが便利だ，というのは学んだ通り。頼みごとは **Could you ...?** または **Would you ...?** を使い，疑問文で「…してくれませんか」と書くのがよい。

5 仕事を見つけるために彼は東京に行った。

6 大雨のために，われわれの電車は２時間遅れた（be delayed)。

7 その知らせを聞いて彼はうれしかったので，微笑んでしまうのを抑える（keep from -ing）ことができなかった。

8 もし疲れていても，毎日最低１時間は英語の勉強をするべきです。

5 He went to Tokyo to find a job.

別解 He went to Tokyo so that he could find a job.

4 とは逆に，このような簡単な文を書くときには**目的を to 不定詞で表す**のももちろん悪くない。**〈so that〉構文**を使った解答例と両方示したので，比べてみよう。ただし「仕事を見つけるために」という日本語につられて，for finding a job などとするのだけは**絶対ダメ**だ（→ p.90）。

6 Because of the heavy rain, our train was delayed for two hours.

別解 It was raining heavily, so our train was delayed for two hours.

同じ「～ために」という表現だが，**5** とは異なり「大雨のために」は**理由**だ。**前置詞**の **because of** を使うのでも，**接続詞**の **because** や **so** を使うのでもよいが，その品詞に注意しながら書けばよい。しつこく言うが **5** 同様，**for だけはダメ**だ（→ p.91）。

7 He was so happy to hear the news that he couldn't keep from smiling.

この問題も **2** と同様に，まず意味の面で **because** などの**理由**を表す表現を使うべきか，**〈so ― that〉構文**などの**程度**を表す表現を使うべきかを考えること。問題文からは because を使いたくなるが，うれしくなることが微笑むことに直結するとは限らない。because より**〈so ― that〉構文のほうが好ましい**。

8 No matter how tired you are, you should study English at least for an hour a day.

別解 Even if you are tired, you should study English at least for an hour a day.

「もし…しても」という問題文に惑わされないように。ここは**譲歩**の **even if** を使う。**if** は条件であり，**even if** は**譲歩**だ。「もし疲れていたら勉強しなさい」と書いてしまったら，裏を返せば「もし疲れていなかったら勉強しなくてよい」と言っているように聞こえてしまう。そうではなく，「疲れていても，疲れていなくても勉強しなさい」ということだから，問題文に「たとえもし…」と書いてなくても，**譲歩**で表現しなければいけない。譲歩は，even if を使っても **no matter how** を使ってもよいが，後者の場合は**語順**に注意。**「1 日につき」**は単純に **a day** でよい。a には「～につき」という意味がある。

Lesson 37 同等比較の基本 (as ... as 構文)

1 私は君と同じくらい事態を憂いている (be worried about ～)。
2 私も彼と同じくらい大きな犬を飼っている (have)。

この課からは**比較**を学ぶ。まずは「同じくらい…」という意味を表す**同等比較**だ。同等比較をよく **〈as ... as〉構文**などと呼んで，as と as の間に形容詞や副詞をはさむと同等比較ができあがると思いこんでいる人がいるが，それではダメだ。as ... as のうちの**1つ目の as と2つ目の as の役割**を理解することが大切だ。

まず**1つ目の as** は**「同じくらい」**を表す **so 型の副詞**だ。

---

❶ **He is so rich. // He was so surprised. // He is so good at tennis.**

❷ **He caught so big a fish.**

---

so について復習しておこう。**so** は **Lesson 32** で学んだように，**形容詞**（感情を表す過去分詞や be good at のような熟語を含む）**や副詞を修飾し**（❶の３つの例文を参照），さらに**形容詞に名詞が付いているとき**には such とは異なり**語順が変わる**のだった（❷の文を参照）。as もまったく同じ使い方だ。

---

❸ **He is as rich. // He was as surprised. // He is as good at tennis.**

❹ **He caught as big a fish.**

---

❸や❹を❶や❷と比べれば一目瞭然だ。これでそれぞれ「彼は同じくらいお金持ち」，「彼は同じくらい驚いた」，「彼は同じくらいテニスが得意」，「彼は同じくらい大きな魚を釣った」ということを表せるわけだ。もちろんそれだけではだれと比べているのかわからないが，次のように書けば問題はない。

---

❺ **He was surprised, but she was just as surprised.**
「彼は驚いたが彼女もまったく同じくらい驚いた」

つまり文脈でだれと比べるかわかるときには as ... as のように as が２つそろわなくても，１つ目の as を so と同じ位置で使うだけで同等比較が成り立ってしまう，というわけだ。しかしもし文脈でわからない場合はどうするのか。その場合は２つ目の as の登場となる。この**2つ目の as は接続詞**だ。Do in Rome as the Romans do.「ローマではローマ人のするようにしろ（郷に入らば郷にしたがえ）」のようなことわざで習ったことがあるのではないだろうか。よく「…のように」「…の通りに」と訳す**「様態の as」**などと呼ばれる as だ。

そしてこの as は接続詞なのだから，本来なら後ろに文がきて，

---

❻（×）**He was as surprised at the news as I was surprised.**
「私が驚いたように彼も同じくらいその知らせに驚いた」

とすべきところなのだが，比較の文では**2つ目の as 以下は省略を必ず行う**。省略をするには**代動詞**を使う。代動詞とは名前のごとく，一度出てきた内容を動詞に代えて省略する方法だ。中学校で習ったことを思い出そう。

---

❼ **Are you a student?** —— **Yes, I am. (=Yes, I am a student.)**

❽ **Do you speak English?** —— **Yes, I do. (=Yes, I speak English.)**

---

❼や❽のような疑問文に対する答え方として覚えているように，**be 動詞を使った表現**は**be だけに置き換え**，**be 動詞以外の動詞**は**do に置き換えて簡潔に表現**することができる。これが**代動詞**だ。この知識を❻の文にも使ってみよう。これで同等比較の文が完成だ。

---

❾（○）**He was as surprised at the news as I was.**
「私と同じくらい彼はその知らせに驚いた」

何よりも気づいてほしいのは，**1つ目の as と2つ目の as が離れている**ことだ。中学校で習ったように as と as で形容詞をはさむ，といった感覚でいると❾のような文は書けそうで書けない。文法的な理解が大切だ。

まとめ 同等比較〈as ... as〉の使い方

- 同等比較の**1つ目の as** は**副詞**で so と同じ使い方。
- **2つ目の as** は**接続詞**で，そのあとは**代動詞を使って省略**する。

解答例

1 I am as worried about the situation as you are.

▶ worried は形容詞と考え，1つ目の as はその直前に置く。2つ目の as 以降は you are worried ... の省略。

2 I have as big a dog as he does.

▶ 1つ目の as の後ろの語順に注意。a big dog が as big a dog の語順になっている。2つ目の as 以下は he has a big dog の省略。

Lesson 38 同等比較を使いこなす

例題
1 彼は食費と同じくらいのお金を洋服（clothes）に使っている。
2 沖縄では冬も東京の春と同じくらい暖かい。

前回は同等比較の２つのasのうち，特に１つ目のasを正しい位置に置くことを重点的に解説した。本課では**２つ目のas**をもう少し学んでいくことにしよう。中学校のときに，もしかするとこんな文を習ったかもしれない。

---

❶（×）I am as old as he.

２つ目のasの後に比べる対象を１語で書くような文である。しかし残念ながらこの文はよくない。前の課で学んだように**２つ目のasは接続詞**だから，**そのあとに〈主語＋動詞〉**を備えていなければいけない。

---

❷（○）I am as old as he is.

---

asには前置詞としての用法もあるのだが，それにしてもI am as old as him.としなければならず，いずれにしても❶は間違いと言える。前置詞の用法は慣れないうちは下手に使うのはケガのもとなので，とりあえずは❷が唯一無二の正解と考えていてもらいたい。面倒と思うかもしれないが，２つ目のasを接続詞と認識することのメリットを見逃してはいけない。

---

❸ He is as healthy as she is.

❹ He is as healthy as he used to be.

❺ He is as healthy as he looks.

❻ He is as healthy as he is wealthy.

それぞれの例文の２つ目のasから後ろを見てもらいたい。❸はshe is healthyがshe isに省略されているわけだから**「彼女が健康なように彼も同じくらい健康」**という意味だ。ところが❹はhe used to be healthyの省略であり，**「昔健康だったように今も同じくらい健康」**という意味である。このように「人」と「人」を比べるだけでなく，「昔」と「今」を比べることもできるわけだ。さらに❺はhe looks healthy の省略なので**「彼は見かけどおり健康だ」**であり，❻は２つ目の as 以下省略がない（主文と重複していて省略できる部分がないので）が，「彼は裕福であるのと同様健康でもある」という意味になる。このようにいろいろな比較ができることこそが，比較の神髄であり醍醐味である。そのためには２つ目の as が接続詞だということを本当に理解しなければいけない。少し練習をしてみよう。

練習問題 Italy is famous for its food.「イタリアは料理で有名だ」を同等比較の文に変形し，次の２つの文を英訳しなさい。

❶ イタリアはフランス同様，料理で有名だ。
❷ イタリアはサッカー同様，料理で有名だ。

まずどちらの問題も１つ目の as が置かれる位置は同じだ。Italy is as famous for its food.「イタリアは同じくらい料理で有名だ」でよい。問題は２つ目の as 以下だ。❶のほうはそれほど難しくない。France is famous for its food. という文がもともとはあったと考え，しかし is 以下は主文と同じだから**代動詞 is を使って省略**する。

Italy is as famous for its food as France is.

それに対し，❷は少し難しい。２つ目の as 以下，本来は，Italy is famous for soccer. という文があったと考え，それを省略していくと考えよう。まず主語の Italy は主文と同じだ。しかし主語を省略はできないから代名詞 it に置き換える。is famous は代動詞 is に，for soccer の部分は，今，まさにここを「サッカー同様，料理でも有名」のように比較しようとしているのだから省略はできない。したがってそのまま残す（〈前置詞＋名詞〉は１セットのものと考え，一緒に残す）。すると，

Italy is as famous for its food as it is for soccer.

となる。例題も使い，このような文をしっかり書けるように練習してもらいたい。

解答例

1 He spends as much money on clothes as he does on food.

▶まず〈spend ＋お金＋ on ＋物〉「物にお金を使う」という熟語を知らないと，この例題はキビシイ。spend much money on clothes で「たくさんのお金を洋服に使う」。あとはこれを同等比較の文に変形する。

2 It is as warm in Okinawa in winter as it is in Tokyo in spring.

練習問題解答：❶ Italy is as famous for its food as France is.
❷ Italy is as famous for its food as it is for soccer.

Lesson 39 比較級の基本

例題

1 彼は数学より物理が得意だ。

2 東京より香港のほうが土地の価格 (land prices) は高い。

同等比較の成り立ちは理解できただろうか。同等比較が理解できたら**比較級**もすぐにわかるはずだ。

前の課で扱った例文をここでもう一度使ってみよう。

---

❶ Italy is famous for its food.

前回はこれを同等比較の文に変形したが，今回はこれを**比較級の文に変形**してみよう。まず「イタリアはフランスより料理で有名だ」という文を作ってみよう。まず典型的な間違いの例から。

---

❷ (×) Italy is famous for its food more than France.

比較級と言うとなんとなく more than を付け加えればいいや，のような考えでいる人は意外に多いが，それではダメだ。前の課の同等比較の作り方で習ったことを思い出そう。同等比較を作るにはまず元になる文の中で形容詞や副詞を見つけ，so と同じような感覚で as を付け加えた。比較級を作るときも同じことだ。**元になる文の中の形容詞や副詞**を見つけ，今度はそれを**比較級**にすればよい。❶をもう一度よく見よう。この文の中で形容詞は famous であり，その比較級は more famous であることから，次のようになる。

---

❸ Italy is more famous for its food.
「イタリアは料理でもっと有名だ」

そしてこのあとに **than** を持ってくると，Italy is more famous for its food than ... のように，比較級と than が離れることに注目してほしい。このことは文法をきちんと理解できていれば当たり前のことだが，He is older than I. のような，比較級と than がくっついている中学校のときに習った文に洗脳されている人は，意外にこういう文が書けない。

次に，同等比較の2つ目の as と同じように，比較級の than も接続詞扱いだ。ということは後ろに本来は文が続くのだが，またそれを代動詞などを使って省略する。

❹ **Italy is more famous for its food than France is.**
「イタリアはフランスより料理で有名だ」

間違った文の❷と，正しい❹をよく比べてみてほしい。さらに以下のような比較の文も作れるということも同等比較のときと同じだ。

❺ **Italy is more famous for its food than it is for soccer.**
「イタリアはサッカーより料理で有名だ」

言うまでもなく it は Italy，is は is famous の置き換えである。

さて，ここで説明したいことが 1 つある。同等比較でも比較級でも同じなのだが，❹のように主語と主語を比べるときには問題ないのだが，❺のように副詞的要素同士を比べるとき，絶対に主語や動詞を付けなければいけないのか，という問題だ。つまり❺のような文を書くとき，結局は「サッカーで有名」と「料理で有名」を比べるわけだから，比べるもの同士がわかればよいということで，以下のように書いてもよいのではないか，ということだ。

❻ **Italy is more famous for its food than for soccer.**

結論から言うと，本当はこれでもよい。ただし，〈前置詞＋名詞〉は英語では一体のものなので，**for を省略することはできない**。「冬より夏のほうが雨が多い」という文も，以下の❼のようになる。

❼ **It rains more in summer than (it does) in winter.**

it rains に相当する it does は省略できるが，**in は省略不可**だ。ただ，in もつい省略してしまいそうなので，慣れるまではあまり it does を省略せず書くことを薦める。

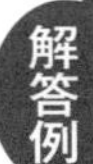

1 He is better at physics than (he is) at math.

▶ be good at ～の good を比較級にすると be better at ～となる。he is は上で述べたように省略可能だが，慣れるまでは書くようにしよう。

2 Land prices are higher in Hong Kong than (they are) in Tokyo.

Lesson 40 同等比較や比較級をもっと活用しよう

1 喫煙者は非喫煙者より肺ガンにかかる（get lung cancer）確率が高い。
2 その映画はうわさ以上におもしろい。

前の課までに一通り同等比較と比較級を学んだが，本課では，その実践的な利用方法を考えるために，文法的なことより，日本語と英語との表現方法の違いに注目してみようと思う。

まず1つ目。当たり前のことだが，同等比較や比較級にできるのは**形容詞や副詞だけ**だ，ということだ。日本語では「彼は私と同じ年齢だ」などと言う。しかし「年齢」という名詞を同等比較にすることはできない。「年齢が高い」という，old という**形容詞**を使わなければならないわけだ。つまり日本語では名詞で表現する場合でも，英語では形容詞（や副詞）に変えて考える必要がある，ということだ。その発想を少し練習してみよう。

練習問題 日本語と英語の表現の違いを考え，次の日本語を英訳しなさい。

❶ イタリアはだいたい日本と同じ大きさだ。
❷ 彼女は私と同じくらい食費にお金を使う。

たとえばこの❶でも，日本語では「大きさ」と言うが，size などという名詞を思いついても英訳には役に立たない。Italy is large.「イタリアは大きい」のような**形容詞を使った文を考え，これを同等比較に変形しようと発想**しなければならない。その結果，Italy is about as large as Japan is. となる。

❷も「お金を使う」という日本語には形容詞がないが「たくさんのお金を使う」のように考えて，She spends as much money on food as I do. としなければならない。

当たり前に見えて，このような日本語と英語の表現のギャップの落とし穴にはまらないように英訳するのは，意外に難しい。さらに問題をやってみよう。

練習問題 次の日本語をいろいろな表現を使って英訳しなさい。

❸ 中国の人口は日本の人口より多い。

練習問題解答：❶ Italy is about as large as Japan is. ❷ She spends as much money on food as I do. ❸ China's population is larger than Japan's (population) is. /

日本語通り，China's population is large. という文をすぐに思いつき，それを比較級に変形していこうと考える人も多いだろう。それはそれでよいが，それが唯一の解答ではない。There are many people in China. でも同じことを表せるし，少し難しい単語だが，population の形容詞形 populous「人口の多い」を知っていれば，China is populous. と書くこともできる。それぞれを変形すれば次のようになる。

❶ China's population is larger than Japan's (population) is.

❷ There are more people in China than there are in Japan.

❸ China is more populous than Japan is.

要は問題文の日本語にとらわれず，**どんな形容詞を使ったらよいか**を考えることだ。

練習問題　日本語と英語の表現の差を考え，次の日本語を英訳しなさい。

❹ 彼女は見かけより若い。

「彼女は若い」という主文は素直に英訳できるが，比べる対象の「見かけより」はどう表したらよいだろう？　「外見」を表す名詞は appearance だ。しかし思い出してほしい。than は接続詞なので，後ろには文がくる。名詞では意味がない。She looks young. という文を考えて，She is younger than she looks. としなければならない。つまり日本語では「見かけより」のように名詞を使って比較の対象を表現するが，英語では「彼女は若く見えるのより，現実はもっと若い」のように，比較の対象を**文で発想**しなければならない。ここにも日本語と英語のギャップがある。

同様に「彼は昔より裕福だ」も，英語では He used to be rich.「彼は昔は裕福だった」という文を発想し，それを than のあとにつないでやらなければならない。つまり He is richer than he used to be. ということだ。

解答例

1 Smokers are more likely to get lung cancer than non-smokers are.

▶「確率が高い」を The possibility is high. などとする前に，be likely to do「…する確率が高い」という形容詞を使った表現を思いつくとグッと楽に書ける。これはよく使う表現なので覚えておいてもらいたい。

2 The movie is more fun than people say it is.

▶「うわさより」を than the rumor などとせずに文で発想しよう。People say the movie is fun. という文を考え，それを than の後ろにつなごう。

練習問題解答：There are more people in China than there are in Japan. / China is more
（❸の続き）　populous than Japan is.　❹ She is younger than she looks.

Lesson 41 同等比較を使った表現 (倍数表現 /as ... as possible)

例題

1 若いうちはできる限りたくさんの本を読むように心がけなさい。

2 彼は私の倍の時間を英語の勉強に使っている。

比較という文法の分野にはさまざまな「特殊構文」と言われるものが存在して，高校生，受験生を昔から悩ませている。そうしたもののうち，英作文ではあまり複雑なものまで書けるようになる必要はないが，しかし逆に**基本的なものはしっかり正確に書けるようになりたい**。本課から３課分を使って，そうした**比較の「特殊構文」**と呼ばれるものをいくつか練習していこう。

まず同等比較に関しては，**「倍数表現」**がしっかり書けるようになりたい。倍数表現というのは，その名のごとく「～倍」ということの表し方で，以下の❶のように，同等比較の**１つ目の as の前に倍数を入れればよい**。倍数は，回数と同じで２倍は **twice**，３倍以上は **three times**，**four times** ... のように書く。

---

❶ **He is twice as old as I am.**

日本語では「２倍の年齢」と言うが，英語では同等比較を使い「２倍，同じくらい年を取っている」のように表現する。つまり，同等比較がしっかり書ければ，あとは倍数を付け加えるだけでよいわけだが，同等比較を書く上で前の課までに述べてきたような注意事項が，そのままここでも当てはまることになる。

つまり，たとえば「彼は私の２倍の本を読む」という日本語を英作文するときに，まず「同じくらいたくさんの本を…」と考えて**同等比較**を作り，そのあとで**１つ目の as の前に twice を置けばよい**わけだ。そうすると❷のようになる。

---

❷ **He reads twice as many books as I do.**

まとめ 倍数表現の表し方

●最初に同等比較を書く。➡ 最初の as の前に倍数を置く。➡〈倍数＋ as ... as〉

同等比較ではもう１つだけ，使いこなせるようになりたいものがある。それは**「できる限り…」**を表す**〈as ... as possible〉**（または**〈as ... as ＋人＋ can〉**）だ。

❸ **He ran as fast as possible.** (= **He ran as fast as he could.**)
「彼はできる限り速く走った」

おそらくだれでも知っている表現だ。しかしこれも意外に使いこなせない人が多いようだ。

同等比較の２つ目の as は接続詞だから後ろには文が続く，と何度も言った。ところがこの〈as ... as possible〉の場合，２つ目の as のあとには possible という形容詞しかこないわけだから，この点は非文法的だが，ここは熟語的な表現のため例外的に許されていると考えるしかない。しかし，最初の as は正しい位置にしっかり置かなければならない。簡単に練習をしてみよう。

練習問題 **日本語に合うように，（　　）内の語句を並べ換えなさい。**

彼は旅行に行くときには，できる限り少ない荷物にするよう心がけている。
When he travels, he tries (possible / baggage / as / as / little / take / to) .

順番に考えよう。「少ない荷物を持って行く」は，take little baggage。この文の形容詞 little の前に as を付けると，to take as little baggage as possible が正解になる。このような熟語をきちんと使いこなすには，**同等比較の基本をしっかり把握することが前提**になることを理解しよう。

まとめ 「できる限り～」の表し方
◉ 〈as ... as possible〉＝〈as ... as ＋人＋ can〉
➡ **1つ目の as を置く位置**に注意。

1 You should try to read as many books as possible while you are young.

別解 You should try to read as much as possible while you are young.

▶別解の read は「読書する」という意味の自動詞。

2 He spends twice as much time studying English as I do.
▶〈spend ＋時間＋ -ing〉「…するのに時間を使う」

練習問題解答：When he travels, he tries (to take as little baggage as possible).

Lesson 42 比較級を使った表現（1）〈More ～ /Fewer ～〉

例題

1 最近，英語を学ぶためにアメリカに行く学生が増えている。

2 最近の若者は家族と話す時間が減っている。

比較級を使ういわゆる「特殊構文」も数多いが，その中で，英作文という観点から見ると，上の例題のように**「～が増えている」**，**「～が減っている」**という表現をしっかり書けるようになることが何より大事だ。

まず基本から。**「英語を学ぶ日本人はたくさんいる」**を英作文してみよう。

---

❶ There are **many Japanese people who are studying English.**

❷ **Many Japanese people** **are studying English.**

「たくさん～いる」という日本語からの連想で，there is 構文を使い，❶のように書こうとする人が多い。決して間違いではないが，there is 構文で書く場合は関係詞 who を使った少し面倒な文にならざるを得ない。したがって，「…する人がたくさんいる」→「たくさんの人が…する」と考えて，ダイレクトに **Many Japanese people を主語**にして❷のように書くのがよい。さらにこの❷の文の many を比較級の **more** に代えて，**文末に than before** を付け加えて変形してみよう。

---

❸ **More Japanese people** **are studying English than before.**

「以前よりもっと多くの日本人が英語を勉強している」ということは，そういう人が増えた，ということだ。「増えた」というと，すぐに increase などという動詞を使おうとする人が多いが，そんなことをしなくてもこうすれば簡単に**「～が増えた」**ということを書けてしまう。また本書では than は接続詞と何度も強調してきたので，**than before** は非文法的に聞こえるかもしれないが，than before「以前より」とか than usual「いつもより」などのいくつかの表現は非文法的であっても例外的に許される熟語的な表現と考えてほしい。

さらに❸を変形しよう。文頭の more を and で２回重ね，その代わりに文末の than before を取り去ってみる。

❹ **More and more Japanese people are studying English.**
「ますます多くの日本人が英語を勉強している」

❸は「**以前より多い**」，❹は「**ますます増えている**」で多少ニュアンスは違うが，だいたい同じものと考えてよい。この２つの表現の英作文を少し練習してみよう。

練習問題 People are spending much time e-mailing each other.
「人々は多くの時間をｅメールのやりとりに費やしている」という文を元にして，以下の日本語を英訳しなさい。

❶ 人々は昔よりｅメールのやりとりに時間を費やすようになった。
❷ 人々はますますｅメールのやりとりに時間を費やすようになってきている。

解答はそれぞれ，❶ People are spending **more** time e-mailing each other **than before**. と ❷ People are spending **more and more** time e-mailing each other. だ。特に後者において，more and more という表現を何とはなく知っているのだが，それを変な位置に置いてしまう人が多い。そういう人は，**元になる文をまず考えてから変形**するとよいだろう。

「～が減っている」も同じように書くことができる。ただし **little（不可算名詞を修飾）の比較級は less** だが，**few（可算名詞を修飾）の比較級は fewer** であることにだけ気をつけてもらいたい。

❺ Few **people are smoking.**
「たばこを吸う人は少ない」

❻ Fewer **people are smoking** than before.
「たばこを吸う人は昔より減った」

❼ Fewer and fewer **people are smoking.**
「たばこを吸う人はどんどん減っている」

1 These days more and more students are going to the U.S. to study English.

2 Young people these days are spending less time talking with their families than before.

練習問題解答：❶ People are spending more time e-mailing each other than before.
❷ People are spending more and more time e-mailing each other.

Lesson 43 比較級を使った表現(2) (the ＋比較級 , the ＋比較級)

例題
1 多くの言葉を話せるほど，海外旅行は簡単になる。
2 たばこを吸えば吸うほど，ガンにかかる確率が高まる。

比較級に関してもう１つ使いこなせるようになりたいのは，**〈the ＋比較級，the ＋比較級〉の構文**だ。**the** には冠詞としての用法のほかに，**副詞**として**「その分だけ」**という意味を表す用法がある。その「その分だけ」を表す the を比較級と一緒に２回使い，**「その分だけ～すると，その分だけ…する」**を表すのがこの構文である。ただし，その２回の〈the ＋比較級〉を，それぞれ文頭に出すのがルールだ。

---

❶ **The higher you go up, the cooler it becomes.**
「高く登れば登るほど，涼しくなる」

この❶のような文はみんな知っている。ところがこの構文は正確に書くのがなかなか難しい。ミスしがちな点が３つある。

まず**１つ目のポイント。「年を取れば取るほど，病気にかかりやすくなる」**という文を英作文するとしよう。

---

❷（×）**The more you grow old, the more you are likely to get diseases.**

❸（○）**The older you grow, the more likely you are to get diseases.**

上の❷のようなミスが一番基本的なミスだ。よくこの構文を〈the ＋ more，the ＋ more〉の構文，などと覚えている人がいるが，そういう人はたいていこのミスをする。正しくは**〈the ＋比較級，the ＋比較級〉**の構文だ。

You grow old. **You are likely to get diseases.** 元の文
↓ ↓
The older you grow, the more likely you are to get diseases.

正解❸の前半部分は You grow **old.** が元の文であり，その中の old が比較級 **older** になって the を伴い文頭に出て **the older** you grow となったのだ。同様に後半部分は You are **likely** to get diseases. が元の文であり，その中の形容詞 likely が比較級 **more likely** になり the を伴い，文頭に出て **the more likely** ... となったのだ。

older のような１語の比較級でも，more likely のような２語からなる比較級でも，ともかくその比較級を文頭に出す。面倒がらずに，まず**元になる文を書き→ 形容詞や副詞を見つけ→ それを比較級にする**，という手順を踏むことが大切だ。

それでは**2つ目のポイント**だ。**「若ければ若いほど英語を身につけるのは簡単だ」**という文を英作文してみよう。

---

❹（×）**The younger you are, the easier you can learn English.**

❺（○）**The younger you are, the more easily you can learn English.**

---

❹は間違いだ。形容詞と副詞の区別くらいだれでもわかる。たとえば It is easy. は形容詞を使うが，You can do it easily. は副詞を使う。ところが比較級になると，この区別がわからなくなってしまう人が多い。**形容詞 easy**「簡単な」の比較級は **easier**「もっと簡単な」，**副詞 easily**「簡単に」の比較級は **more easily**「もっと簡単に」である。比較級になっても形容詞と副詞は区別しなければいけない。

最後に**3つ目のポイント**。**「友達がいればいるほど幸せになれる」**という文を英作文してみよう。

---

❻（×）**The more you have friends, the happier you can be.**

❼（○）**The more friends you have, the happier you can be.**

英語では**もともとひとかたまりだったもの**は移動するときにも**一緒に移動**するのが鉄則だ。この文の前半部分はもともと You have many friends. だったわけだ。この文の中の形容詞である many が more に代わり，the を伴って文頭に出るわけだが，もともと many friends はひとかたまりの要素であり，many が more に代わっても **more friends** というようにひとかたまりで文頭に出なければならないのだ。

まとめ〈the ＋比較級，the ＋比較級〉構文のポイント

◉〈the ＋ more, the ＋ more〉ではない！ ➡ **元の文を考えてから変形**せよ。
◉**形容詞と副詞の区別**に注意。
◉**ひとかたまりの要素**は一緒に文頭に。

解答例

1 The more languages you can speak, the more easily you can travel abroad.

2 The more you smoke, the more likely you are to get cancer.

Lesson 44 最上級の言い換え表現（1）

1 健康より貴重なものはない。

2 私はほかのどの科目よりも英語が好きだ。

比較の最後として最上級を取り扱おう。英作文，という面から考えて，最上級に関して唯一理解しておいてもらいたいのは，**最上級はできる限り使わないようにしよう**，ということだ。その理由はただ1つ，**最上級は紛らわしい**，ということに尽きる。日本語で考えてみよう。

「私は英語が一番できる」のように表現したとき，「クラスの中で一番できる」という意味なのか，ほかの科目と比べて「全教科の中で一番できる」という意味なのか，どちらにもとれてしまう。それが紛らわしい，ということだ。それより「私はだれよりも英語ができる」とか「私はどの科目よりも英語ができる」のように表現したほうが，**何と比べているのか，何の中で一番，と言いたいのか**が相手にストレートに伝わり，わかりやすい。

日本語でも英語でも事情は同じだ。もちろん最上級を使っても文脈上，じゅうぶん言いたいことを相手に伝えることができることもあるが，**原則としては英作文では最上級を使わず比較級（または同等比較）を使うように**心がけてもらいたい。

◉比較級（肯定文）での言い換え表現

❶ **The triathlon is harder than any other sport.**
「トライアスロンはほかのどんなスポーツよりもハードだ」

❷ **Not having anyone to talk with is harder than anything else.**
「話し相手がいないということは何よりつらい」

❸ **He knows more about Japanese history than anybody else.**
「彼はだれより日本史に関して詳しい」

上の❶～❸のように比較級を使って，最上級と同じような内容を表現できる，ということは中学校で習うことだ。けれども than から後ろ（つまり比較の対象）の書き方に関して，ややミスが見受けられることが多い。

まず❶のようにトライアスロンと「ほかのスポーツ」を比べる場合は，**〈any other ＋単数名詞〉**を持ってくる。**単数名詞**を使うところがポイントだ。**Lesson**

61 で詳しく学ぶことになるが，肯定文で〈any ＋単数名詞〉は（Any child could do it.「どんな子どもでもそれができる」のように）**「どんな～でも」**を表す。また❷のように，比較の対象が漠然と**「何より…」**と言う場合や，❸のように漠然と**「だれより…」**と言う場合には，それぞれ **anything else** や **anybody else** を使う。

さらには❶～❸を逆に表現することができることも知っていることと思う。

◉比較級（否定文）での言い換え表現

❹ No other sport **is harder than the triathlon (is).**

❺ Nothing **is harder than not having anyone to talk with (is).**

❻ Nobody **knows more about Japanese history than he does.**

たとえば❶のように「トライアスロンはほかのどんなスポーツより…」と言う代わりに「トライアスロンよりもっと…なスポーツはない」と**否定文で表現**するわけだ。これも**主語の形**はしっかり正確に書いてほしい。トライアスロンをほかのスポーツと比較するというように，**比較の対象が明確な場合**は❹のように **〈no other ＋単数名詞〉** を使い，「～よりつらいことは何もない」「～より詳しい人はだれもいない」のように，**比較の対象が漠然としている場合**は **nothing** や **nobody** を使う。

まとめ 比較級・同等比較で最上級の意味を表す

◉比較の対象が明確

➡ **〈any other ＋単数名詞〉** や **〈no other ＋単数名詞〉** を使う（❶❹）。

◉漠然と「ほかのもの」や「ほかの人」と比べる

➡ **anything else** や **anybody else**，または **nothing** や **nobody** を使う（❷❸❺❻）。

1 Nothing is more precious than health (is).

別解 There is nothing that is more precious than health.

別解 Health is more precious than anything else.

▶「～ほど貴重なものは何もない」という日本語につられて there is 構文を使う人が多いが，そうすると 別解 のようになり，少し面倒だ。

2 I like English more than any other subject.

Step2 Section 8 比較の文の作り方と重要表現

Lesson 45 最上級の言い換え表現(2)

例題
1 日本ほど物価（prices）が高い国はない。
2 日本では夏ほど雨が多い季節はない。

前の課で最上級の言い換えのことを説明する際に，最上級は紛らわしいことがあるので使わないほうがよい，と書いた。「彼は水曜日に一番忙しい」と言う場合，「ほかの人と比べて」なのか「ほかの曜日と比べて」なのかわからない，という意味だ。もし，「ほかの人と比べて彼が水曜日には一番忙しい」と言うのなら，比較級を使って，

❶ **He is busier on Wednesday than anybody else (is).**

とするのだ，という説明をした。それではもう１つのほう，つまり「彼はほかの曜日と比べて水曜日には一番忙しい」ということはどのように表したらよいのだろうか。この表し方がこの課の課題だ。

❷ **He is busier on Wednesday than (he is) on any other day.**

❶も❷も **anybody else** や〈**any other ＋単数名詞**〉を用いて，「ほかのどんな人より」とか「ほかのどんな曜日より」という比較級を作っている点は同じだ。それではどこが違うのだろうか。❷は than の後ろが on any other day となっていることに注目しよう。なぜ on という前置詞が必要なのだろう？

比較級の基本を学んだときに，**than** は**接続詞**だから，後ろには原則，文が続くのだ，という話をした。この最上級の言い換えをするときの比較級の場合はそれほど厳密にそのルールを守る必要はないが，少なくとも**比べるもの同士を同じ形にそろえる必要**はある。❶は主語にあたる **he** と **anybody else** を比較しているのに対し，❷では **on Wednesday** と **on any other day** を比べているのだ。

まとめ 比較級・同等比較で最上級の意味を表すとき

◉比べるものの品詞をそろえる。

❷の文はぜひ書けるようになってもらいたいのだが，ここから先は少し難しい。わかりにくければ読み飛ばしてもらってかまわない。

さて，前の課で，❶のような文を nobody を主語とする否定文にして書くこともできるという話をした。

---

❸ **Nobody is busier on Wednesday than he is.**
「彼より水曜日に忙しい人はいない」

同じような書き換えを，❷に関してもできないのだろうか？

---

❹ **On no other day is he busier than (he is) on Wednesday.**
「水曜日より彼がもっと忙しい日はない」

---

❹のように書けばよいのだが，難易度はかなり高い。まず❸で「ゼロ人の人が彼よりもっと忙しい」のように書いたのと同じように，「ゼロ個のほかの曜日において，彼は水曜日よりもっと忙しい」のように書くのだとイメージしてほしい。そのために❸で nobody を文頭に出したように，on no other day を文頭に置く。ところが，on no other day のような**否定語を含む副詞句が文頭**に出た場合，**倒置**をしなければいけない，という文法のルールがある。倒置というのは簡単に言えば**〈主語＋動詞〉を疑問文のような形にする**ことである。そのとおり，❹でも he is busier が is he busier となっていることがわかる。そしてもちろん than のあとには on Wednesday というふうに前置詞が必要だ。まさに注意すべきポイント満載だ。倒置の構文のよい練習になるとは思うが，無理だと思ったら❷のように書けばとりあえずは問題ない。

Section 8 比較の文の作り方と重要表現

1 Prices are higher in Japan than in any other country.

別解 In no other country are prices higher than in Japan.

▶最初の解答のほうがはるかに簡単だ。ただし than のあとの前置詞 in を忘れないこと。別解は倒置を伴うので難易度が高い。参考程度に見てくれればよい。それより，受験生に一番多い間違いは，問題文の「…の国はない」という日本語につられて There is no country ... のように there is 構文を使ってしまうことだ。書けないことはないが，無駄に複雑になるだけだ。**「日本ほど高い国はない」**→**「日本が一番高い」**のように頭を切り換えること。

2 In Japan it rains more in summer than in any other season.

別解 In Japan in no other season does it rain more than in summer.

復習問題

（比較の文の作り方と重要表現 P.96 ～ P.113）

Lesson 37 ～ Lesson 45 で学んだことをチェックしよう。

1 彼は若かりし頃より太っている（fat）。

2 彼女は食費より洋服にお金を使っている。

3 最近は子どもたちがテレビゲーム（video games）をして遊ぶ時間が増え，逆に外で（outdoors）遊ぶ時間が減っている。

解答例・解説

解説を読みながら添削しよう。
間違えたところは例題の頁に戻って解説を確認しよう。

1 He is fatter than he was when he was young.

◯日本語では「若かりし頃より」のように名詞で比較の対象を示すが，**英語**では**接続詞である as や than を使うことで結果的に文と文とを比較**する。「彼は今，太っている」**He is fat.** と「彼は若い頃太っていた」**He was fat when he was young.** を **than でつなぐ**という発想をするわけだ。そして，その中で**代動詞**を使い，**was fat → was** とする。なお，fat の比較級は more fat ではなく **fatter**。

ここで比較級の作り方の基本も確認しておこう。**3音節以上の単語の比較級**は例外なく more interesting のように **more** を付け，**1音節の単語の比較級**はこれもほとんど **-er** を付けて比較級にする（nice → nicer のように）。**2音節の単語**だけは **-er** を付けて比較級にするものと，**more** を付けるものが**混在**する。したがって 2 音節の単語の比較級だけは間違えても仕方ないが，1 音節や 3 音節以上の単語は間違えないようにしたい。

2 She spends more money on clothes than (she does) on food.

◯「…より～にお金を使う」は「…より～により多くのお金を使う」のように**形容詞を含んだ形で発想**しないと比較の文はできない。**〈spend ＋お金＋ on ＋物〉「物にお金を使う」**という熟語を思い出せれば，spend much money on clothes で「服にたくさんのお金を使う」とできる。あとはこの much を **more** に代えて前半は終了。比較の対象のほうに目を移そう。「食べ物より」とあっても，than food ではダメ。上の解答例の she does は省略することも可能だが，少なくとも on food の **on は省略できない**ことを思い出そう（→ **Lesson 39**）。

3 These days children spend more time playing video games and less time playing outdoors than before.

別解 These days children play video games more and play outdoors less than before.

◯ **Lesson 42** で学んだ通り **〈比較級の文＋ than before〉** で **「以前より…」** を表せばよい。**〈spend ＋時間＋ -ing〉「…して時間を過ごす」**の熟語を使って上の解答例のように書いてもよい。また，もっと簡単に，play video games a lot「たくさんテレビゲームをする」という文を考え，その a lot を比較級の more に，そして play outdoors little「あまり外で遊ばない」の little を比較級の less にすると別解のようになる。

4 東京では夏のほうが冬の数倍雨が降る。

5 計画を注意深く練るほど，留学が成功する見込みは高くなる。

6 英語ほど世界中で広く話されている言葉はない。

7 北海道ほど冬が厳しい（severe）地方は日本にはない。

8 彼はできる限り食費にお金を使わないように努力した。

4 In Tokyo it rains several times as much in summer as (it does) in winter.

倍数表現の問題。しかしそれ以前にしっかり**同等比較の文**を書くことが重要。It rains a lot（= much）in summer. とすれば「夏にたくさん雨が降る」。It rains as much in summer とすれば「夏に同じくらいたくさん雨が降る」。あとはこの **as の前に倍数を付け足せばよい。2つ目の as から後ろの形にも注意。**

5 The more careful you are when you plan to study abroad, the more likely you are to be successful.

別解 The more carefully you plan to study abroad, the more likely you are to be successful.

〈the ＋比較級 , the ＋ ＋ 比較級〉の構文。この構文は意外に間違えやすい（→ **Lesson 43**）ので注意。間違えやすい点を意識して書こう。まず前半部分。上の解答例は**形容詞 careful の比較級**，別解は**副詞 carefully の比較級**が使われている。そしてその理由も考えてもらいたい。後半は簡単。be likely to do の likely「可能性が高い」という形容詞を比較級にして，the と一緒に前に出した形だ。

6 English is spoken more (widely) than any other language in the world.

別解 No other language is spoken more (widely) than English (is).

まず「…な言語はない」という日本語につられて，There is no language ... のようにしないこと。意味なく複雑な文になるだけだ（→ p.106）。「英語ほど…な言語はない」＝「英語が一番…」と読み替え，単に**最上級**を表現すればよいと気づこう。ただ最上級は使わず，**比較級で表現**する（→ p.110）。そこまでくれば解答例のように書くことは難しくない。**どちらも language は単数形。**

7 Winter is severer in Hokkaido than in any other part of Japan.

別解 In no other part of Japan is winter severer than (it is) in Hokkaido.

これも **6** と同様に「北海道において冬は一番厳しい」という**最上級的な表現**であることに気づこう。そして，その最上級を，**比較級で書けばよい**わけだ。ところが **6** と違うのは，「冬は北海道で厳しい」という文の主語である冬と，ほかの季節とを比べているわけではなく，「北海道で」という**場所を表す副詞句**を，ほかの，たとえば「四国で」といった**副詞句と比較**しようとしているわけだ。つまりこれは **Lesson 44** で学んだ，ちょっと難しい形の文になる。「地方」は part としたが，**area** でも **district** でも **region** でもよい。

8 He tried to spend as little money on food as possible [he could].

〈as ... as possible〉または**〈as ... as ＋人＋ can〉**の構文を使い，「できる限り…」を表せばよいだけだが，**1つ目の as を置く位置**に注意。

Step 3

Lesson 46 直説法と仮定法

1 もし健康を維持（stay healthy）したいなら，君は運動をすべきだ。
2 もし万が一日本で生まれていたら，彼は成功はできなかったろう。

本課から**仮定法**を学ぶが，仮定法では，それを，**使うか使わないかの区別**が一番重要だ。

「もし…」という仮定には２種類ある。「もし明日雨が降ったら私は家にいる」のように言うときの仮定は，**実現の可能性がある「もし」**である。この仮定を**「開放条件」**と言う。可能性が開かれている条件，というくらいの意味だ。それに対し，「もし昨日晴れていればハイキングに行ったのに」と言うときの「もし」は**実現不可能な仮定**，**あり得ない仮定**である。このような仮定を「**閉鎖条件**」と呼ぶ。同じような「もし」だが，仮定法を使うのはあくまでも後者の**閉鎖条件のときだけ**だ。

	開放条件（→直説法）	閉鎖条件（→仮定法）
過去	❶ **If I had time, I always watched TV.**	❹ **If I had taken that train, I would have died.**
現在	❷ **If I have time, I always watch TV.**	❺ **If I were younger, I could run faster.**
未来	❸ **If it rains tomorrow, I will stay home.**	❻ **If I should [were to] be a millionaire, I would buy it.**

上の表のうちの，まず左の欄を見てもらいたい。上の❶❷の英文は，たとえば「子どもの頃いつも何をしていましたか」とか，「いつも暇なときは何をしていますか」などと聞かれたことに対して，❶「もし時間があったらいつもテレビを見ていた」とか，❷「もし時間があればいつもテレビを見ている」のようにそれぞれ答えているのだ。この「もし」は**実現の可能性のある「もし」**，つまり**開放条件**である。**開放条件では仮定法は使わない**。それではどういう動詞の形を使うかと言えば，過去の話のときは過去形，現在の話のときは現在形を使うだけのことだ。このように仮定法を使わない，いわばふつうの動詞の形を，仮定法に対し「**直説法**」と呼ぶ。**開放条件は直説法**を使えばよい，というわけだ。

ただし**未来**に関してだけは少し注意が必要だ。❸も「もし明日雨が降ったら私は家にいる」であり，開放条件だから単純に未来形を使いたいところだが，**if 節の中**

だけは現在形が使われているのがわかるはずだ。**「条件を表す副詞節の中では未来のことも現在形を使って表す」**という文法のルールを知っている人も多いと思うが，知らなかった人もここだけは現在形を使うと覚えておいてほしい。

さて今度は左頁の表の右の欄に目を転じよう。❹は「もしあの電車に乗っていたら死んでいただろう」，❺「もしもっと若かったら，もっと速く走れるのに」のように，それぞれ**過去や現在の事実に反するあり得ない仮定**，つまり**閉鎖条件**の文だ。したがってここでは**仮定法を使わなければならない。**

仮定法の形はきちんと覚えているだろうか。下のまとめを見ながらもう一度，表の例文を読み直して確認してもらいたい。**if 節の中の動詞の形**と，**結論部分の動詞の形**をしっかり区別し，**後者には助動詞の過去形**を必ず使うのが重要なところだ。

❻は少し問題だ。未来には何が起こるかだれにもわからない。つまり❻「もし将来，億万長者になったら…」のように，どういう仮定をしても，実現不可能だと決めつけることはできない。したがって，未来には開放条件しかないはずだ。

だが，日本語でも，「万が一，私が総理大臣になったら…」のように非常に実現の可能性が薄い未来を表現することがある。英語でも，未来のことで実現の可能性の低い「妄想」は，仮定法を使って表現できるのだ。❻は**仮定法未来**と呼ぶのだが，具体的には if 節中には，ちょうど日本語の「万が一」に相当する **should** や **were to** を使い，結論には助動詞の過去形を使う。

表で分類した❶～❻の６つの「もし」をしっかり使い分けることが何より大事だ。

まとめ「もし…」の表し方

◉開放条件（実現の可能性がある仮定）は直説法

ただし，条件を表す副詞節中では未来のことでも現在形を使う。

◉閉鎖条件（過去や現在の事実に反するあり得ない仮定，未来の空想）は仮定法

過去	if 節：〈had p.p.〉	//	結論の節：助動詞の過去形＋〈have p.p.〉
現在	if 節：動詞の過去形	//	結論の節：助動詞の過去形＋動詞の原形
未来	if 節：should［were to］	//	結論の節：助動詞の過去形＋動詞の原形

1 If you want to stay healthy, you should get exercise.

▶開放条件であり，したがって仮定法は使わない。左頁の表の❷に相当。

2 If he had been born in Japan, he would not have been successful.

▶「万が一」という言葉につられてはいけない。過去の事実の反対だ。左頁の表の❹に相当。

Section ❾ 仮定法の使い方と重要表現

Lesson 47 if を使わない仮定表現

1 私だったらそんなばかげたものは買わなかっただろう。

2 彼は非常に空腹だったので冷蔵庫だって食べられそうだった。

仮定を表すのに必ずしも if 節が必要なわけではない。たとえば次の❶や❷のように **with** という前置詞で **「～があれば」** ということを表すことができる。

◉ with「～があれば」

❶ **With a little more patience, he could succeed.**
「もう少しの忍耐力があれば彼は成功できるのだが」

❷ **With a little more patience, he could have succeeded.**
「もう少しの忍耐力があれば彼は成功できたのだが」

当たり前だが if 節と違い，with は前置詞であり後ろに名詞しかこないので，この部分には時制というものがない。その分，結論部分の時制をしっかり書くことが大事になる。❶のように書けば**現在の事実の反対**，❷のように書けば**過去の事実の反対**を表せることを確認してほしい。この点は以下も同様だ。

◉ without「～がなければ」／ otherwise「さもなければ」

❸ **Without air, we could not live.**
「空気がなかったら，われわれは生きられないだろう」

❹ **He had a fever; otherwise, he would have come to the party.**
「彼は熱があった。さもなければ，パーティーに来ただろう」

上の❸のように，**without** は **「～がなければ」**，❹の **otherwise** は **「さもなければ（＝もし熱がなければ）」** を表し，それぞれ **if 節の代わり**になる。

これらの決まった語句に関しては難しさはない。しかしたとえば日本でブランド品を高値で買った人に対し，あきれた友人が次のように言ったとしよう。

◉「～なら」の仮定

❺ **You could have bought it much cheaper in Italy.**
「イタリアならはるかに安く買えたのに」

日本語には仮定を表すのに２通り，「**もし…**」と「**…なら**」がある。そして「もし…」のあとには文が続き，「もしあなたがそれをイタリアで買ったとしたら」と言うが，それより，もっと簡単に「イタリアなら」のように言い表すことがよくある。

英語でも同じだ。❺の文では if you had bought it in Italy と言わずに in Italy の２語で「イタリアなら」と仮定を表しているのだ。ただ英語には「もし…」を表す if はあるが，「…なら」に相当する語がない。「…なら」を補って読む必要があるわけだ。もう１つ例を挙げよう。当たった宝くじの賞金を無駄遣いした友達に対して「僕なら貯金しただろうな」などと言う。「もし僕が君だったら」と言ってもよいが，「僕なら」は主語であると同時にたった１語で仮定を表すことができるわけだ。

---

❻ **I would have saved all that money.**
「僕ならそのお金を全額貯金しただろうに」

◉裏に if … が隠れている仮定

---

❼ **Nobody could tell me the meaning of life.**
「だれも人生の意義なんて言えないだろう」

さらにこの❼を見てほしい。なぜ仮定法（could）が使われているのだろうか。話者は街頭インタビューをして道行く人に人生の意義を聞こうとしているわけではない。**if I should ask**「もし万が一たずねたら」という**条件が隠されている**と考えればよい。このように文中にまったく条件がなく，文の裏にある if を想像しなければならないのは難しいが，このように仮定法を使えるようになれば最高だ。

> **まとめ if を使わない仮定表現**
> ◉ **with**，**without**，**otherwise** などの決まった表現で表す仮定。
> ◉「…なら」の仮定。
> ◉文中にまったく仮定表現がないが，**裏に if … が隠れている。**

1　I would not have bought such a stupid thing.

▶「僕なら…」の仮定。主語に仮定が含まれている。

2　He was so hungry that he could have eaten even the refrigerator.

▶書かれてはいないが，裏に if he had tried「もし食べようと思えば」という仮定が含まれていると考えよう。これは難問だ。

Lesson 48 if 節だけで伝える仮定表現 (if only ... / I wish ... / I hope ...)

例題

1 高校の頃，もう少し勉強していたらなあと思います。

2 東京滞在をお楽しみいただければと思います。

前の課では，if を使わないで仮定法の文を書く方法を学んだが，この課では逆だ。**if 節だけを使い，結論部分を言わない表現方法**だ。

まず仮定法の最初で扱ったように（→ **Lesson 46**），**閉鎖条件**（現実にあり得ない仮定）が **3 種類**あるということを思い出そう。

---

❶ **If he had worked harder, he could have succeeded.** （過去）
「もし彼がもっとがんばれば，成功したのに」

❷ **If I were a little younger, I would propose to her.** （現在）
「もし私がもう少し若ければ，彼女にプロポーズするのに」

❸ **If I should become a millionaire, I would buy it.** （未来）
「もし万が一億万長者になったら，それを買うのになあ」

たとえばこのうち❷について考えてみよう。日本語でも「もしもう少し若ければ，プロポーズするのに」と，条件と結論の両方を言ってもよいけれど，「もし僕がもう少し若かったらなあ…」のように**条件だけを言い**，「そうしたらどうするのか？」という結論部分は言わずににおわすだけ，ということがよくある。英語でも同じだ。

◉ If only ...「もし…でさえあれば」

❷′ **If only I were a little younger.** 「もし，もう少し若ければなあ」 （現在）

❷の if 節だけを独立させたのが❷′だ。これで漠然とした願望を表すことができるわけだ。このように if 節だけを独立させて使う場合は，if に only を付け加えて，**if only** という形にする。**「…という願望さえ満たせれば」**の「…さえ」に相当するのが only だと考えればよいだろう。❶や❸に関しても同じことをしてみよう。

❶′ **If only he had worked harder.** （過去）
「もっと彼ががんばっていればなあ」

❸′ **If only I should become a millionaire.** （未来）
「もし万が一，億万長者になれたらなあ」

◉ I wish ...「…であったらよかったのに」（実現の可能性のない願望）

さらに if only は **I wish** に置き換えられる，ということも知っておこう。wish は**「（非現実的な，実現不可能なことを）望む」**という意味の動詞だ。上の３つの文はそれぞれ次のように書き換えられる。

❶″ **I wish** he had worked **harder.**	（過去）
❷″ **I wish I** were **a little younger.**	（現在）
❸″ **I wish I** should become **a millionaire.**	（未来）

Lesson 43 では開放条件も学んだのを覚えていると思う。**開放条件の文**も同様に if 節に相当する部分だけを独立させることができる。こちらは I wish ではなく，**I hope** を使う。hope は**「（実現可能なことを）願う」**という意味の動詞だ。これも元来は 120 頁の表の❶～❸の if 節が独立してできた形であり，したがって，過去のことは過去形，現在のことは現在形，**未来のことだけ現在形で書く**のがポイントだ。

◉ I hope ...「…してくれたらなあ」（実現の可能性のある願望）

❹ **I hope you** enjoyed **the party.** 「パーティーを楽しんでくれていたらなあ」	（過去）
❺ **I hope you** like **this.** 「気に入ってくださったらなあ」	（現在）
❻ **I hope she** helps **me.** 「彼女が手伝ってくれたらなあ」	（未来）

まとめ　漠然とした願望「…だったらなあ」を表す表現

◉実現の可能性のない願望 ➡〈I wish ＋過去完了形 / 過去形 /should ＋動詞の原形〉で，それぞれ過去，現在，未来の願望を表す。

◉実現の可能性のある願望 ➡〈I hope ＋過去形 / 現在形 / 現在形〉で，それぞれ過去，現在，未来の願望を表す。

1　I wish I had studied a little harder when I was in high school.

2　I hope you enjoy your stay in Tokyo.

Lesson 49 仮定法を使ったそのほかの表現 (as if ... / It is time ...)

1 彼らはあたかも自分たちの息子であるかのように私の世話をしてくれた。

2 だれもが環境について真剣に考えるときが来ているのだ。

仮定法を使う表現をあといくつか学んでおこう。

まず1つ目は，**as if「あたかも…のように」**だ。これに関してはちょっと注意すべきことがある。

ふつう仮定法は，現在の事実に対して反対のことを言うのか，または過去の事実に対して反対のことを言うのか，という基準に基づいて動詞の形を変えるわけだが，as if だけは少し違った基準に基づいて動詞の形を決めるのだ。具体的に言うと，**as if 節中の動詞**は，**主文と as if 節の時制が同時の場合**は**過去形**，**主文より as if 節の時制が古い場合**は**過去完了形**を使うのだ。

◉ as if ...「あたかも…のように」

❶ **He talks as if he knew everything.**
「彼はあたかも何でも知っているかのように話をする」

❷ **He talks as if he had traveled all over the world.**
「彼はあたかも世界中旅行したかのように話をする」

まず❶は，今何でも知っているふりをして彼は今話すのである。これが主文と同時ということだ。それに対し❷では，以前，旅行したふりをして，彼は今話すのだ。これが主文より古いということだ。そして前者は**as if 節中で過去形**を使い，後者は**as if 節中で過去完了形**を使う。

ここまでは単純に❶は現在の事実の反対，❷は過去の事実の反対と考えても同じ結果になる。なーんだ，と思うかもしれないが，次のパターンには注意が必要だ。

❸ **He talked as if he knew everything.**
「彼はあたかも何でも知っているかのように話した」

この❸のパターンでは，as if のルールを知らずに時制を決めると，間違えてしまう。

彼は本当は無知なのに何でも知っているように話したのだ。過去の事実の反対だから過去完了形 had known としてしまうのがありがちな間違いだ。正しくは，主文が過去形になっても「何でも知っているふりをする」のと「そのように話をする」のが**同時**であることにはかわりがない。したがって過去形 **knew** にするのだ。ということは逆に次の❹のような場合は過去完了形だ。

---

❹ **He talked** as if **he** had traveled **all around the world.**
「彼はあたかも世界中を旅したかのように話をした」

> **まとめ as if「あたかも…のように」の使い方**
> ◉主文と as if 節の動詞の時制が**同時**　➡ as if 節中の動詞を**過去形**に。
> ◉主文より as if 節の動詞の時制が**古い** ➡ as if 節中の動詞を**過去完了形**に。

仮定法を使う表現としてもう１つ覚えておいてもらいたいものがある。それは「もう…する時間だ」を表す表現法だ。

◉ It is time ＋ to 不定詞 / It is high time ＋ 過去形の文「もう…する時間だ」

---

❺ **It is time for you to go to bed.**

---

❻ **It is high time you went to bed.**

この２つの英文は，ほぼ同じような表現だが，❺の it is time のあとに to 不定詞をつなげる方法は，もうすぐその予定時刻が来るとき，またはちょうど来たときに，事務的に**「ハイ！…する時間ですよ」と告げる言い方**である。それに対し，❻の it is high time の high は**「もう時間が過ぎている」**ということを表す。この high があるときには，後ろに to 不定詞ではなく，**過去形の文をつなげるのがルール**だ。そしてこちらはもう予定時刻を過ぎてしまったことへの焦燥感や怒りを表して「本当はもう…する時間なのに！　まだしてないじゃないか！」という言い方だ。要するに I wish you went to bed.「君がもう寝てくれたらいいのに」と言うのと同じで，**過去形を用いる**のだと考えればよいだろう。

> **まとめ「もう…する時間だ」の使い方**
> ◉〈It is time ＋ to 不定詞〉　　➡「…する時間が来ます」
> ◉〈It is high time ＋過去形の文〉➡「もう　しなければいけないのに」

1　They took care of me as if I were their own son.

2　It is high time everyone thought about the environment seriously.

Lesson 50 「なんちゃって受け身」に注意

例題

1 台風で多くの人が家を壊された。

2 難民たち (the refugees) はできるだけ早く食料を供給されるべきだ。

仮定法に続いて，今度は受け身を学ぼう。受け身で一番大切なのは，「なんちゃって受け身」を書かないようにする，ということだ。「なんちゃって受け身」とは，**一見，正しい受け身の文のようでいて，実はメチャクチャな英文**のことだ。

文法問題などでも次の❶のような文を見たことがあるのではないだろうか。

---

❶ (×) **He was stolen his wallet.**
「彼は財布を盗まれた」

日本語と同じように「彼」(he) を主語にして受け身で「～を盗まれた」と書いてあるように見えるが，これはいろいろな意味で英文としてメチャクチャだ。

まず，**受け身**という表現は，簡単に言うと，**もともと目的語だったものを主語にすること**だ。つまり，もともと目的語が２つある第４文型でもなければ，受け身なのに目的語が動詞の後ろに残っているはずがないということだ。ところが❶は his wallet という目的語が動詞の後ろに残っている。これは変だ。

さらに意味の面から考えても「財布が盗まれた」というのならわかるが，❶のようにheを主語にして「彼が盗まれた」では窃盗事件というより誘拐事件だ。

要するに，受け身というのはもともと目的語だったものが主語にならなければいけない，ということだ。steal は「物」を目的語にして，〈steal ＋物〉で「物を盗む」という表現なのだから，以下のようにしなければならない。

---

❷ **His wallet was stolen.**

それではなぜこんなミスをしてしまうのだろう？　日本語の「…される」に惑わされているのではないだろうか。**日本語の「…される」には２種類ある。**「台風で家が壊された」の「…される」は確かに**受け身**だ。しかし「台風で私は家を壊された」の「…される」は受け身ではない。この文の主語は「私は」だ。「私が壊された！？」…まさか！

このような「…される」は，「私はこんなにひどい目にあった」という感じを表す，いわば**「被害」**の**「…される」**であると言えよう。

本当に受け身の意味の「…される」は英語でも受動態に訳すことができるが，「被害」の意味の「…される」まで受動態に訳してはいけない，と言ってもよいだろう。しかし，要は日本語の「…される」に惑わされずに，**能動態にすると何が目的語になるのかを考えて**（ここでは「家を壊す」だな，のように），**それを主語にする**。受け身で主語になるのは**能動態のときの目的語だけ**だ。そして，「家が壊される」はよいが「私が壊される」はダメだ，のように考えなければいけないということだ。

> **まとめ　受け身ができるか否か**
> ◉日本語の**「…される」**は**受け身**も**被害**も表す。
> ◉**受け身で主語**になるのは，**能動態のときの目的語**だけ。

同じようなことは，ある種の熟語でもよく問題になる。たとえば〈remind ＋人＋ of ＋物〉で「人に物を思い出させる」という意味の熟語を知っている人も多いと思うが，この熟語は，例えば能動態では以下の❸のようにして使い，受け身にすると❹のようになる。つまり**〈remind ＋人＋ of ＋物〉の受け身**は，**人を主語**にして**〈be reminded of ＋物〉**となる理屈だ。受け身にして「この写真を目にしたときには，私は故郷を思い出させられる」とすれば remember「思い出す」とだいたい同じ意味を表せるわけだが，of を忘れてしまってはいけない。

❸ **This picture reminds me of my hometown.**

❹ **I am reminded of my hometown when I see this picture.**

1　Many houses were destroyed by the typhoon.

別解 Many people had their houses destroyed by the typhoon.

▶**被害の意味を表す have** を知っていれば，日本語通り 別解 のように「多くの人」を主語にして書くことも可能だが，**受け身**で書くなら解答例のように，日本語と異なり，「人」でなく**「家」**を主語にせざるを得ない。

2　The refugees should be provided with food as soon as possible.

▶〈provide ＋人＋ with ＋物〉「人に物を供給する」の受け身。

Lesson 51 Step3 Section 10 受け身の文の作り方

いろいろな時制・いろいろな文型の受け身

例題
1 彼女は30分以上待たされたので，怒っていた。
2 大きなビルが取り壊し（pull down）の最中だったので，うるさかった。

受け身でもう1つ大事なことは，**どんな時制でも，そしてどんな文型でも，しっかり受け身を書けるような文法力をつけておく**ことだ。

まず**時制**についてだ。「受け身は〈be＋p.p.〉で作る」などと習うが，要するにbe動詞をいろいろな時制に変えて，それに過去分詞を付ければ受け身ができあがるということだ。下の❶～❸はそれぞれ**現在形，過去形，未来形の受け身**だ。

◉いろいろな時制の受け身

❶ **The letter is written in English.**	（現在形）
❷ **This book was written in the 19th century.**	（過去形）
❸ **A new book will be written in a year.**	（未来形）

同様に**be動詞の完了形はhave [has] been，現在進行形は（ふつう使わないが）be being**であるわけだから，受け身はそれに過去分詞を付けて以下のようになる。

❹ **A new book has been written.**	（現在完了形）
❺ **A new book is being written now.**	（現在進行形）

形の面でしっかり理解できたら，あとはそれをしっかり使いこなすことだ。たとえば「そのビルは建設中だ」というのを（×）The building is built now. などとしてしまう誤りを見かける。これが能動態であれば，だれでもThey are building the building now. のように進行形にするだろう。受け身で書く場合も，（○）The building is being built now. と進行形でなければいけない。

まとめ 受け身の時制
◉能動態のときの時制と受け身で書くときの時制は原則**同じ**。
◉**〈適切な時制に変化させたbe動詞＋過去分詞〉**で**受け身**にできる。

いろいろな文型に対応する受け身が書けることも大切だ。中でも**句動詞**（動詞の役割をする熟語）の受け身と第５文型の受け身は注意が必要だ。まず句動詞から。

たとえば〈laugh at ＋人〉「人を笑う」を例にとってみよう。このような熟語は，**後ろに付く前置詞も併せて１つの動詞**と考えて，受け身にするときに〈be ＋過去分詞〉のあとに**前置詞も付ける**のがルールだ。

◉句動詞の受け身　　（左：能動態→右：受動態）

❻ **Everyone laughed at him. → He was laughed at.**
「みんなは彼を笑った」　「彼は笑われた」

◉第５文型の受け身　　（左：能動態→右：受動態）

❼ **They told him to study.**	→ **He was told to study.**
❽ **They kept the water running.**	→ **The water was kept running.**
❾ **They made her clean the room.**	→ **She was made to clean the room.**

基本的に**第５文型（ＳＶＯＣ）の受け身**は，もともとの**目的語Ｏを主語**にして，もともとの**補語Ｃ**は**受け身になっても形を変えずくっつけておく**のが原則だ。❼ではto不定詞がそのまま受け身でも使われ，❽では分詞がそのまま受け身でも使われているのがわかる。ただし，重要な**例外**がある。❾では**使役動詞** make が使われているため，**補語Ｃ**が clean という**原形**になっている。原形だけは受け身になったときに **to 不定詞**に変えなければいけない。

まとめ　いろいろな文型の受け身

◉句動詞の受け身 ➡〈be ＋過去分詞〉のあとに**前置詞**を忘れずに付ける。
◉第５文型の受け身 ➡ もともとの**Ｏを主語**に，**Ｃはそのままの形**で付ける。
ただし**Ｃ＝原形**のときだけは **to 不定詞**に変える。

解答例

1 She was angry because she had been kept waiting for more than thirty minutes.

▶まず受け身の時制を過去完了形にすること。また wait for を受け身にする人がいるが，それは違う。たとえば歌手が遅刻をして観客が待たされたとしよう。歌手は be waited for「待たれている」が，観客は be kept waiting「待たされている」。立場が逆になる。

2 It was noisy because a big building was being pulled down.

▶過去進行形の受け身。

復習問題

（仮定法の使い方と重要表現，受け身の文の作り方 P.120 ~ P.131）

Lesson 46 ～ Lesson 51 で学んだことをチェックしよう。

1 大部分の若い女性はもう少しやせて（slim）いたらと思っている。

2 もし，あともう少し速く泳いでいたら，彼は世界記録を破っていた。

3 もしお腹がすいているなら，これを食べていいんだよ。

4 彼はすごく疲れているので，どこででも寝られそうだった。

解答例・解説

解説を読みながら添削しよう。
間違えたところは例題の頁に戻って解説を確認しよう。

1 Most young girls wish they were a little slimmer.

➲現在はそんなにやせていないけれど,「今やせていたら！」ということだから，**現在の事実に反する（つまり実現不可能な）願望**である。ということは,**〈wish ＋動詞の過去形〉**で表せばよい。

2 If he had swum a little faster, he could have broken the world record.

➲**過去の事実に反する仮定**なので**仮定法**を使おう。過去の事実に反する仮定は **if 節の中は動詞の過去完了形**，**結論の節**は**〈助動詞の過去形＋ have ＋ p.p.〉**だ。助動詞は何を使っても基本的にはよいが,「…できただろう」ということだから，ここでは can を使った。

3 If you are hungry, you can eat this.

➲たとえ「もし…」と問題文に書いてあっても，いつでも仮定法を使うわけではない。相手が空腹かどうかは未知のことだ。逆から言えば，相手が空腹である可能性はある。したがって,「もしお腹が…」と言っても，現実に反した仮定ということには必ずしもならないわけだから**仮定法を使ってはいけない**。それではどういう形を使うのか。**現在のことなのだから現在形を使う**だけの話だ。

4 He was so tired that he could have slept anywhere.

➲ **if 節**が書かれていないが，**隠れている**ことに気づこう。いくら疲れているからといっても，本当にその辺の地面に横になるわけではない。けれども,「もしそのとき横になっていたとしたら，そのまま眠りに落ちていただろうに」というほどに疲れていた，と言いたいのである。that 節の中に **if he had lain**「もし横になっていたら」, **if he had closed his eyes**「もし目を閉じていたら 」, **if he had tried**「もし試みていたら 」，など，**何か if 節が隠れていて**，それに対する**結論の部分**が **he could have slept**「寝ることができただろうになあ」の部分だと考えるわけだ。

5 彼はすべてが夢の中のような気がした。

6 今までに英語で話しかけられたことがありますか。

7 彼は車を警察に調べられた（investigate）。

8 もし留学する機会が与えられたら，私はどんな気持ちがするでしょうね？

5 He felt as if everything was in a dream.

➲ **Lesson 49** で学んだように，**as if のあとは仮定法の時制に注意**だ。「そのとき夢の中のように，そのとき感じた」わけだから，両者は同時の出来事。**同時**の場合には，**過去形**を使う。

6 Have you ever been spoken to [talked to] in English?

➲これはもちろん**受け身**の問題。まず時制。今までの経験を聞いているのだから，**「経験」の現在完了形**を使うこと。現在完了形の受け身は **〈have been p.p.〉** だ。正しく書けただろうか。さらに **「～に話しかける」** は **〈speak to ＋人〉**，または **〈talk to ＋人〉** なので，受け身にするときも **be spoken to**，または **be talked to** のように**前置詞を忘れないように**しなければいけない。

7 The police investigated his car.

別解 His car was investigated by the police.

➲「車を調べる」の受け身は「車が調べられた」だ。問題文は「彼は…調べられた」となっているが，he を主語にして受け身で書くことはできない。上の解答例のように，単純に**能動態**で書くか，または**受け身**にしたければ **「車」を主語に**して書くかのどちらかだ。

8 I wonder how I would feel if I should be given an opportunity to study abroad.

➲未来のことだからもちろん実現の可能性はあるのだろうが，この問題文の日本語を見る限り，現時点ではまだ妄想にすぎない話のようだ。したがって「妄想の未来」，つまり **if 節の中は「万が一」**の **should** や **were to** を使い，**結論の節**のほうも**助動詞の過去形**を使って書けばよい。I wonder はなくてもよいが，「…かしらと不審に思う」ということだ。

Lesson 52 繰り上げ構文と to 不定詞

1 彼と彼女の間には誤解があるように見える。

2 日本人はしばしば礼儀正しいと言われている。

不定詞に関係する文法事項の中で英作文で使う機会が一番多いのは，おそらく**「繰り上げ構文」**だろう。「繰り上げ構文」という名前は，もしかしたらあまり耳慣れないかもしれないが，たとえば seem「…に見える」という動詞を例にとって説明しよう。seem という動詞には２つの使い方がある。

❶ **It seems that he is ill.** （形式主語構文）

❷ **He seems to be ill.** （繰り上げ構文）

まずは❶のようにあまり意味のない it を主語にして（非人称の it と呼ばれる），that 節を後ろにつなげる使い方だ。これで「彼は病気のように見える」を意味する。ところがこの that 節中の主語の **he** を，主文の主語に繰り上げてきてこの文を書き換えることができる。**He** seems ...「彼は…見える」のように，である。しかし大事なのは，❶の that 節の中の主語を繰り上げてしまった時点で，もう that 節は壊れてしまっているということだ。つまり（×）He seems that he is ill. のように，**また後ろに that 節をつなげることはできない**。He seems「彼は見える」のあとは❷のように **to 不定詞**をつなげる。

このように seem は❶のような it を主語にした使い方と，❷のような**繰り上げ構文**で書き換えた形という２通りの使い方があるわけだ。どちらで書いても問題はないが，**it を主語**にした場合は **that 節**が続き，**具体的な人や物を主語**にした場合は **to 不定詞**が続くというのはこのあと紹介する繰り上げ構文を使える表現すべてに当てはまるルールなのでしっかり頭に叩き込んでおくこと。

seem と並んで繰り上げ構文を使える重要な表現がもう１つある。それは**〈SV ＋ that 節〉の受け身**だ。think のような「思う」という動詞，say のような「言う」という動詞の多くは目的語に that 節をとるが，このような文の受け身である。

❸ **They say that he knows the truth.** （〈SV ＋ that 節〉の文）

❹ **It is said that he knows the truth.** （❸の受け身）

❺ He is said to know the truth.　　(❹の繰り上げ構文)

たとえば❸「人々は彼が真実を知っていると言っている」は**〈SV＋that節〉**の文の例だ。これを受け身にしてみよう。

ふつうに考えれば❹のようになる。つまり，❸の文で目的語だったのはthat節である。それを主語に持ってきて「彼が真実を知っているということが言われている」としたい。しかしthat節を主語に持ってくる代わりに，**形式主語it**を使い，本来の主語であるべき**that節は文末**に置いた形だ。そうすれば❹のような**受け身**ができあがる。

さらにこの❹を**繰り上げ構文**❺に書き換えることができる。❹のthat節の中の主語heを繰り上げ，❹とは違い，**後ろにto不定詞**をつなげてあるのを確認しよう。

❹，❺**を混同したミス**が目立つ。たとえば「彼は…と言われている」という文を英作文するのに，日本語と同じようにHe is said ... とheを主語にして書き始め，sayを見た瞬間に，中学校からおなじみのように，条件反射的にthat節をつなげ，(×) He is said that SVと書いてしまうのだ。気をつけたい。

さてseem，〈SV＋that節〉に比べると重要度は下がるが，これら以外に2つ，**繰り上げ構文**で書き換えられる表現を紹介しておく。**be likely**と**happen**だ。

❻ **It is likely that he will pass the exam.　= He is likely to pass the exam.**
「彼はおそらく試験に受かるだろう」

❼ **It happened that I met him.　= I happened to meet him.**
「私はたまたま彼に会った」

まとめ 繰り上げ構文のポイント

◉ **itが主語**のときは**that節**が続く。**具体的な主語**のときは**to不定詞**が続く。
◉繰り上げ構文は**seem**，**〈SV＋that節〉**，**be likely**，**happen**。

1 It seems that there is a misunderstanding between him and her.

別解 There seems to be a misunderstanding between him and her.

▶ there is構文のthereは，繰り上げ構文では便宜上主語として扱う。

2 It is often said that Japanese people are polite.

別解 Japanese people are often said to be polite.

Lesson 53 繰り上げ構文と to 不定詞の６つの形

1　この要塞（fortress）は 15 世紀に建てられたと考えられている。
2　この国は急速に発展しているように見える。

繰り上げ構文に関して，もう１つ重要な問題がある。**繰り上げ構文**においては that 節ではなく **to 不定詞**を使わなければならない，ということを前の課で説明したが，問題はその to 不定詞の形だ。

中学校で最初に to 不定詞を習うときには，「to 不定詞は〈to ＋動詞の原形〉」などと習うわけだが，もちろんそれほど単純ではない。**to 不定詞**には下の表に示すように**６つの形**があり，それを適宜使い分けなければならないのだ。

◉ to 不定詞の形

時制 / 態	能動態		受け身	
主文と同時 ➡	**to do**	（i）	**to be p.p.**	（ii）
主文より古い ➡	**to have p.p.**	（iii）	**to have been p.p.**	（iv）
進行形 ➡	**to be -ing**	（v）	**to be being p.p.**	（vi）

まず（i）と（ii）に対応する例文を見てみよう。

❶ **He seems to know that.**　（i）
「彼はそれを知っているように見える」

❷ **He seems to be loved by everyone.**　（ii）
「彼はみんなに愛されているように見える」

❶は**能動態**，❷は**受け身**というのはすぐわかるだろう。（iii）に関する例文も見てみよう。

❸ **It seems that he slept well.**
= He seems to have slept well.　（iii）
「彼はよく寝たように見える」

❸を **it を主語**にして表現するのなら，前の課で学んだように **that 節**が続くわけだから「彼がよく寝たように（＝過去）」，「今，見える（＝現在）」ということをそれぞれ過去形（slept）と現在形（seems）を使って表現すれば問題ない。しかしこれを繰り上げ構文を使って書き換えようとすると，問題が生じる。that 節でなく **to 不定詞で「よく寝たように…」**という部分を表現しなければならないからだ。そこで使われるのがこの（iii）の形なのだ。さらに受け身（iv）も確認しておこう。

---

❹ **He seems to have been educated in France when he was young.** （iv）
「彼は若い頃フランスで教育されたように見える」

さらには進行形も要注意だ。たとえば，「彼女は寝ているように見える」をよく（×）She seems to sleep. のようにしてしまう人がいる。これはふつうの構文に直せば（×）It seems that she sleeps. に相当する。時制（→ **Lesson 9**）で習ったように，動作動詞 sleep は現在形にして使った場合は不変の事実や習慣しか表さない。「彼女は寝る習慣があるように見える」と言っているようなものだ。そうではなく「**今寝ているように見える**」と言いたいのなら，It seems that she is sleeping. のように，進行形にしなければならない。これを繰り上げ構文に直してみよう。

---

❺ **She seems to be sleeping.** （v）
「彼女は寝ているように見える」

---

that 節を使って書くときに進行形にしなければならないものは，**繰り上げ構文**でも **to 不定詞の進行形**を使わなければならない，ということだ。（vi）はさすがにあまり使う機会はないが，例文を挙げておく。

---

❻ **The building seems to be being remodeled.** （vi）
「その建物は今，改装中に見える」

1 It is thought that this fortress was built in the 15th century.

別解 This fortress is thought to have been built [constructed] in the 15th century.

▶別解のように繰り上げ構文で書くなら，（iv）の形を使わなければならない。

2 It seems that this country is developing rapidly.

別解 This country seems to be developing rapidly.

▶別解のように繰り上げ構文で書くなら，（v）の形を使わなければならない。

Lesson 54 that 節と to 不定詞の使い分け

例題
1 子どもがこの川で泳ぐのは危険だ。
2 彼女が試験に受かるのは確実だ。

繰り上げ構文と並んで使う頻度が高く，同時に間違いが目立つのは，**to 不定詞と that 節の使い分け**だ。

❶ **It is easy to solve this problem.** (It is ~ to ...)

❷ **It is strange that he didn't come to the meeting.** (It is ~ that ...)

to 不定詞は名詞の役割をすることができ，that 節も名詞節，つまり名詞の役割ができる。事実，❶と❷はいずれも形式主語 it を使ってはいるが，**実際の主語は to 不定詞と that 節**である。両者は文法的に似通っている。

日本語に訳してみても両者の違いは判然としない。❶は「この問題を解くことは簡単だ」，❷は「彼が会合に来なかったことは奇妙だ」と同じような訳し方をする。いったいどこが違うのだろうか。多くの高校生，受験生は直感的に to 不定詞は「…すること」，that 節は「～が…すること」のように，主語がなければ to 不定詞，主語があれば that 節というあたりが違いだろうと考え，両者を何となく使い分けているように思える。

しかし，〈It is ~ to do ...〉の文も，**〈for ＋名詞〉**を to 不定詞の前にくっつけることで **to 不定詞の意味上の主語**を表せる，と文法の授業で習ったのではないだろうか。つまり❶の to 不定詞の前に for him をくっつけて以下のようにすれば，to 不定詞を使っても「～が…すること」を表現できてしまうわけだ。

❸ **It is easy for him to solve this problem.**
「彼がこの問題を解くのは簡単だ」

そうするとますます that 節との違いはどこにあるのかがわからなくなる。けれども，❸を that 節を使って，❹のように表現することは間違いだ。

❹ (×) **It is easy that he will solve the problem.**

ということは，やはり that 節と to 不定詞には主語がつくかどうかという以上の違いがあると考えざるを得ない。

簡単に言えば，**that 節は特定のだれかが現実に何かをしたという事実，またはそういう考え，うわさを表すのに使う**。以下の❺，❻を見ればわかるはずだ。

◉ It is ~ that ...

❺ **It is true** that the earth is round.
「地球が丸いということ（考え・うわさ）は本当だ」

❻ **It is strange** that he didn't come.
「彼が来なかったこと（事実）は奇妙だ」

もっと簡単に言えば，**that 節は絶対に主語を取り去れない**。主語がなければ「丸いということは本当だ」…「何が？」 ということになってしまう。「来なかったのは奇妙だ」…「だれの話？」 ということになる。なぜなら **that 節は特定のだれか・何かについて語るのに使う**からだ。

それに対し，**to 不定詞は一般論**，**仮定**を表す。現実にだれかが何かをするかどうかとは無関係だ。

◉ It is ~ to ...

❼ **It is common** for men these days to remain single until 40.
「今どきの男が 40 まで独身でいるのはよくあることだ」**（一般論）**

簡単に言えば **to 不定詞は主語を取り去っても意味が通じる**。❼で言えば「男が」がなくて「40 まで独身でいるのはよくあることだ」だけでも意味が通じる。そして主語がなければだれでも to 不定詞で表すだろう。そこに主語がついてもいきなり that 節にするのではなく，**主語がなくても意味が通じる場合**は，**to 不定詞に意味上の主語を付け加える形で表現**しなければいけない，ということだ。

まとめ「～が…すること」の表し方

◉**主語がないと意味不明**の場合は **that 節**を使う。
◉**主語がなくても意味が通じる**場合は **to 不定詞**を使い，〈for ＋名詞〉を to 不定詞の前に付けて意味上の主語を表す。

1 It is dangerous for children to swim in this river. ▶**必ず to 不定詞をとる。**
2 It is certain that she will pass the exam. ▶**必ず that 節をとる。**

Step3 Section 11 準動詞を含む文の作り方

Lesson 55 to 不定詞の意味上の主語と形容詞の関係(1)

1 若者は大都会に住むのが便利だ。

2 この携帯電話は老人でも使うのが簡単だ。

to 不定詞の意味上の主語についてもう少し続けて詳しく学んでいこう。

❶ **It is difficult (for children) to do this work.**

この❶は形式主語 it を主語にする以外に，もう１つ別の形に書き換えができる。

ルール

〈It is ＋形容詞＋（for ＋名詞＋）to do〉の形の文は，

◎ to 不定詞の目的語を主語にして書き換えることができる。

◎ to 不定詞の意味上の主語を主文の主語にして書き換えることはできない。

❷ **This work is difficult (for children) to do.**

❸（×）**Children are difficult to do this work.**

❷のように this work を主語にして書き換えができる。しかし to 不定詞の意味上の主語にあたる**〈for ＋人〉の部分の人を主語**にして，❸のような**書き換えはできないのが文法のルール**だ。ここで英作文を書く上で気をつけたい注意を３つしよう。

● **注意点１** ⇒ **主語にできるものとできないものを判断する。**

一番大事なのは，何を主語にすることができて，何を主語にしてはいけないのかをよく考えないと思わぬミスをしてしまうということだ。たとえば「このパソコンは子どもが扱うのが簡単」と言うときを考えてみよう。

❹ **It is easy for children to use this computer.**

❺ **This computer is easy for children to use.**

❻（×）**Children are easy to use this computer.**

形式主語 it を主語にする❹はもちろん正しく，この文の to 不定詞の目的語である this computer を主語にして書き換えた❺も正しい。しかし，to 不定詞の意味上の主語に相当する children を主語にした❻**は間違い**だ。「子どもが…」という日本語からの連想で主語を決めるのは間違いの元だ。「子どもがパソコンを使う」という関係を考えて，**目的語（パソコン）のほうだけ主語にできる**と考えよう。

● **注意点２** ⇒ **to 不定詞を受け身にしない。**

たとえば❷の文で考えてみよう。この文の主語は this work だ。ということは「この仕事はなされるのが難しい」のように受け身にしなければならないのではないか，などと考え，（×）This work is difficult to be done. のようにしてしまう人がいるが，間違いだ。❶を書き換えて❷を作ったということを思い出そう。

● **注意点３** ⇒ **前置詞の有無を確認する。**

---

❼ **It is dangerous to swim in this river.**

---

❽ **This river is dangerous to swim in.**

上の❼を書き換えれば❽になる。「この川で泳ぐのは危険だ」という問題文があったとして，日本語からの連想で this river を主語にして書いた場合は**最後の in という前置詞を忘れないように**しないといけないということだ。

以上，３つの注意事項に分けたが，要するに it を主語にして書けば何も問題はなく，it 以外のものを主語にした場合は，その主語を文末に戻してみて（❽→❼のように），ぴったり収まるかどうか確認をするようにすればよいということだ。

まとめ 〈It is ＋形容詞＋（for ＋名詞＋ ）to do〉の書き換え

◉**主語の間違い**に注意。（ 注意点１ ）
◉**能動態**で書く。（ 注意点２ ）
◉**前置詞の有無**に注意。書き換えたときの主語が文末にぴったり収まるようにする。（ 注意点３ ）

解答例

1 It is convenient for young people to live in big cities.

別解 Big cities are convenient for young people to live in.

▶ young people を主語にするのは間違い。

2 This cell phone is easy even for old people to use.

別解 It is easy even for old people to use this cell phone.

▶ old people を主語にするのは間違い。even「～さえ」はあったほうがよい。

Lesson 56 to 不定詞の意味上の主語と形容詞の関係(2)

例題

1 彼女に本当のことを言わなかったなんて，君はばかだ。

2 あんなスピードで運転するなんて彼は無鉄砲（reckless）だ。

to 不定詞の意味上の主語はいつでも〈for ＋名詞〉で表すとは限らない。

---

❶ **It will be difficult for me to do this job.**

❷ **It was kind of you to help me.**

---

❶では，前の課で学んだとおりに to do this job という to 不定詞の意味上の主語が〈for ＋名詞〉の形で表され，「私がこの仕事をすること」という意味を表している。あくまでこれが原則だ。

他方，❷を見てみよう。「あなたが私を手伝ってくれたのが親切だった」と言っている。つまり，to help me の意味上の主語にあたるのが you である。ところがその you の前には for ではなく **of** が付いている。つまりこの文の場合，to 不定詞の意味上の主語を〈for ＋名詞〉ではなく **〈of ＋名詞〉** で表している。このように例外的に to 不定詞の意味上の主語を〈of ＋名詞〉で表すことがあるのだ。

では，どのような場合に〈of ＋名詞〉を使うのか。それについては，この **不定詞の意味上の主語とその前に置かれている形容詞との間にイコールの関係が成り立つとき**，と考えればよいだろう。❷で言えば「あなた（you）」＝「親切な（kind）」という関係が成り立っているように，「親切な（kind）」のほか，「賢い（wise など）」「愚かな（stupid，silly，foolish など）」「礼儀正しい（polite）」「無礼な（rude）」などの形容詞が使われるときには，〈of ＋名詞〉を使うわけだ。

❶と❷の区別がわかったところで，先に進もう。❶を形式主語 it 以外の物を主語にして書き換える，ということを前の課で学んだはずだ。

---

❶′ **This job will be difficult for me to do.**

このようにもともと to 不定詞の目的語だった this job を主語にして書き換えをすることができるのだった。

❷の場合は逆だ。〈of ＋名詞〉を使うタイプの文の場合，上に述べたように，もともと❷で言えば「あなた＝親切な」という関係が成り立っているのだから，You were kind ... としてしまえばよい。そうすると以下の❷’のようになる。

❷’ **You were kind to help me.** 「私を助けてくれるなんてあなたは親切だった」

まとめ 形式主語 it を使った文の書き換え

◉〈for＋名詞〉＋ to 不定詞
➡ to 不定詞の**目的語**を文の主語にして書き換える。

◉〈of＋名詞〉＋ to 不定詞
➡ to 不定詞の**意味上の主語**を文の主語にして書き換える。

前回学んだ書き換えよりはずっと簡単なようだが，やはり注意すべき点もある。それは**時制**だ。たとえば人に助けてもらって礼を言うとき，(×) It is kind of you to help me. では間違いだ。助けてもらったことはもう過去のことだ。繰り上げ構文のところで学んだ to 不定詞の時制（→ **Lesson 53**）を思い出してほしい。主文が現在形 It is kind ... で，しかも to help のように書いてしまうと，help の時制も主文と同じ，つまり現在ということになってしまう。習慣的にいつも助けてもらっているか，または，今まさにこれから助けてもらうときのセリフになってしまうということだ。もうすでに助けてもらったという**過去のことに感謝する**には，次のどちらかにしなければならない。

❸ **It was kind of you to help me.**
▶主文が過去形で，to 不定詞の時制もそれと一致。

❹ **It is kind of you to have helped me.**
▶主文は現在形だが，to 不定詞の時制はそれより古い。

厳密に言えば❸は「あのとき助けてくれたことは親切だった」，❹は「あのとき助けてくれたのはいつものとおり親切」くらいの違いはある。けれども，同じようなものと思ってよい。

解答例

1 It was stupid of you not to tell her the truth.

▶この場合は❸のタイプのほうが❹より少しよさそうだ。❹のように主文を現在形で書くと，「君はいつもばか」と言っているようだからだ。

2 It was reckless of him to drive at such a speed.

▶これも❸のタイプがよいだろう。

また，1，2 どちらの問題も，もちろん you や he を主語にして書くこともできる。その場合でも You **were** stupid ...，He **was** reckless ... と過去形になる。

Lesson 57 程度を表す to 不定詞 (enough to do/too ... to do)

例題
1 彼女はとても一緒に働けないくらいわがまま (selfish) だ。
2 この地方は米が栽培できる (grow) くらい暖かい。

本課では〈enough to do〉と〈too ... to do〉の構文を確認しておこう。

まず**〈enough to do〉**から。中学校の頃から enough は形容詞を後ろから修飾する，と何度も聞かされているはずだ。しかし，必ずしもそうではない。

❶ **He is rich enough to buy anything.**

❷ **He has enough money to buy anything.**

❶ の **enough** は**副詞**として「じゅうぶんにお金持ち」というふうに形容詞 rich を修飾している。こうした副詞の enough は確かに後ろから修飾する。ところが❷の enough は**形容詞**として「じゅうぶんなお金」というふうに名詞 money を前から修飾している。形容詞の enough は，単純に名詞の前に付ける。したがって，enough と to 不定詞が見かけ上離れてしまっている。この２種類の enough にまず気をつけよう。しかし enough to do に関してもっと大切なことがある。それは **enough to do の構文には実は２種類ある**ということだ。

❸ **He is young enough to do the job.** （主文の主語が to 不定詞の主語）

❹ **This book is easy enough to read.** （主文の主語が to 不定詞の目的語）

❸と❹は一見同じような構文に見える。しかしまったく構造が異なっているのがわかるだろうか。どちらも**主語と to 不定詞の関係**に注目してもらいたい。❸の主語 he は **to 不定詞の主語**に相当する（「彼がこの仕事をする」という関係）。ところが❹は主語の this book が **to 不定詞の目的語**になっている（「この本を読む」という関係）のがわかる。つまり，主文の主語と to 不定詞の関係が**「主語と述語」の関係**になる場合と，**「述語と目的語」の関係**になる場合があるわけだ。

２種類のうち，特に気をつけたいのは❹のタイプだ。

❺ **This book is easy enough for you to read.**

❻ **This apartment is large enough to live in.**

その理由の１つは，❹のタイプの文には❺のように to 不定詞に**意味上の主語**が付くことがあるということだ。to 不定詞の意味上の主語は to 不定詞のすぐ前に〈for ＋名詞〉という形で付けるわけだから，結果として enough と to 不定詞の間に割り込むことになる。さらに❻のように **to 不定詞に自動詞**がきた場合には，**最後の前置詞**を忘れないようにしなくてはいけない。❹でも❻でも主文の主語が to 不定詞の後ろにすっぽり収まるようにするわけだ。

以上の解説で気づいたかもしれないが，今まで学んだ構文との比較が興味深い。

◉ enough to do の書き換え（１）

❼ **This cell phone is easy to use.**

❽ **This cell phone is easy enough to use.**

❾ **This cell phone is so easy that we can use it.**

主文の主語が to 不定詞の目的語に相当するときには，❼のように enough がなくても，❽のように enough があってもどちらでもよいわけだ。

ところが以下に示すように**主文の主語が to 不定詞の主語になるときには enough は必ず必要**になる。**Lesson 55** が頭に入っていればわかるはずだ。

◉ enough to do の書き換え（２）

❿（×）**He is young to work hard.**

⓫ **He is young enough to work hard.**

⓬ **He is so young that he can work hard.**

まったく同じことが**〈too ... to do〉の構文**についても言える。次の⓭と⓮をよく比較して研究してもらいたい。

⓭ **He is too old to work.**　（主文の主語が to 不定詞の主語）

⓮ **This book is too difficult to read.**　（主文の主語が to 不定詞の目的語）

1 She is too selfish to work with.

▶「一緒に」と書いてあるが，work together ではダメ。work with her のように，with のあとに主語の she がくると考えよう。

2 This area is warm (enough) to grow rice in.

▶文末に in が必要な理由を理解しよう。

Section ⓫ 準動詞を含む文の作り方

Lesson 58 動名詞の基本と注意点

1 一生懸命勉強したにもかかわらず，彼の試験結果（the test results）は期待したほどのものではなかった。

2 寝る前に歯を磨くこと。

動名詞はto不定詞などに比べると英作文でミスを誘発する危険性はほとんどない。と言うのは，まず不定詞と違い，時制の使い方がそれほど厳密ではないからだ。

❶ **Thank you for helping me [having helped me].**
「手伝っていただき，ありがとうございます」

たとえば❶では，過去に助けてもらったことに対して今，感謝しているのだから，to不定詞であれば，〈to have p.p.〉を使ってそれを表現すべきところだ。動名詞にも同じように述語動詞より古い出来事を表す〈having p.p.〉という形があり，ここでそれを使っても間違いではないが，ふつうは単純な -ing ですませてしまう。したがって，to不定詞で述べたような問題はここには存在しない。

また**Lesson 54**のto不定詞とthat節の使い分けのような問題も動名詞にはない。

❷ **He was angry about her not coming.** (=that she didn't come)

❸ **Studying English is fun.** (=It is fun to study English.)

動名詞は❷の「彼女が来なかった」のように，特定のだれかが何かをしたという事実を表す（つまりthat節と同じ）こともできるし，❸の「勉強することは楽しい」のように一般論を表すこともできる（つまりto不定詞と同じ）。

ただ動名詞を使った英作文で1つ間違いが目立つポイントを挙げるとするなら，**前置詞と一緒に使うときの主語の不一致**だ。

◉動名詞の基本

❹ **Smoking is harmful to the health.**	「たばこを吸うことは健康に悪い」
❺ **He enjoyed watching the video.**	「彼はビデオを見て楽しんだ」
❻ **He went out after eating lunch.**	「彼は昼食を取った後に出かけた」

念のため，ここで動名詞の基礎をおさらいしておこう。❹のように**動名詞が主語**として使われるときには**一般論**を表す。動名詞の smoking「たばこを吸うこと」に意味上の主語はない。それに対し，❺や❻のように**動名詞が主語以外の役割**をするときには，**動名詞の意味上の主語**は，**主文の主語と一致する**というのが大原則だ。もちろん例外はある。Thank you for helping me. という文では helping の意味上の主語はこの文の目的語である you である，といったものが例外だ。しかし，まずは原則をしっかり理解しておこう。

ところが受験生の答案を見ていると，その原則にしたがっていない例をよく見かける。たとえばこんな答案だ。

（×）**My eyes ached because of studying hard.**　「勉強のしすぎで目が痛かった」

なぜか英作文の苦手な人に限って because という接続詞があるのに無理に because of という前置詞を使って失敗するというような例がよくある。この誤答例でも studying hard という動名詞を使っているが，だれが一生懸命勉強したのだろうか。この文の主語は my eyes だが，ということは「目が勉強した？」…つまり主語の不一致である。以下のように，すなおに because を使えばよかったわけだ。

（○）**My eyes ached because I (had) studied hard.**

〈前置詞＋動名詞〉の組み合わせには注意が必要だ。間違いを防ぐ意味で，できるだけ接続詞を使うなどして，この組み合わせは避けるべきだ。

まとめ　動名詞を使うときの注意点

- **動名詞が主語**になるときは**一般論**を表す。それ以外は，**動名詞の意味上の主語は主文の主語と一致**するのが原則。
- 〈前置詞＋ -ing〉を使うときは**主語の一致**に注意。できる限り**接続詞**を使ったほうが無難。

1 He studied hard but the test results were not as good as he expected.

▶「～にもかかわらず」とあると，in spite of という前置詞を使う人がいるが，この〈前置詞＋ -ing〉が主語の一致で失敗しやすいことは説明したとおり。

2 You must brush your teeth before going to bed [before you go to bed].

▶このように明らかに主文の主語と動名詞の意味上の主語が一致する場合は，前置詞でも接続詞でもよい。

59 分詞の基本と注意点

1 彼女の講義はとても印象的で，聴衆はみな静かに聞き入った。
2 長い間待たされるのはイライラする。

分詞に関しても注意事項を１つだけ確認しておこう。

◉現在分詞と過去分詞

		-ing（現在分詞）	p.p.（過去分詞）
自動詞	**develop** 「発展する」	**a developing country** 「発展しつつある国」 ＝「発展途上国」	**a developed country** 「もう発展してしまった国」 ＝「先進国」
	drown 「溺死する」	**a drowning boy** 「おぼれかけている少年」	**a drowned man** 「溺死した人」
他動詞	**read** 「～を読む」 **furnish** 「～に備える」	**the man reading it** 「それを読んでいる人」	**a furnished room** 「内装された部屋」
	excite 「～を興奮させる」	**an exciting game** 「人を興奮させる試合」	**excited spectators** 「興奮させられた観客」

この表に記したように，分詞には**現在分詞**と**過去分詞**がある。そして**自動詞の場合**は現在分詞・過去分詞という名前の通り，**現在分詞**は**「今…している」**，**過去分詞**は**「もうすでに…してしまった」**ということを表す。たとえば表にあるようにdevelop は自動詞では「発展する」という意味だが，現在分詞で a developing country なら「今，発展しつつある国」＝「発展途上国」，過去分詞で a **developed** country なら「もう発展してしまった国」＝「先進国」という意味になる。

ところが**他動詞の場合**，現在分詞，過去分詞といった名前はあまり意味を持たず，**現在分詞**は**能動**を表し，**過去分詞**は**受け身**を表す。上の表の exciting と excited の使い分けを見ればそれは明らかだろう。たとえ「今，興奮している」のでも過去分詞を使い **excited** spectators とする。

この表のうち他動詞のほう，それも特に excite のような感情を表す動詞の現在分詞と過去分詞は，間違いやすいため，文法問題などでも頻出なのは知っていることと思う。日本語では，能動と受け身の区別が必ずしも明確ではないので，そのせいで間違えやすいからだ。たとえば「オバケがこわい」と言う。そしてそのオバケを見て「私はこわい」と言う。オバケはこわがらせるほうで，私はこわがらせられたほうだ。しかし日本語では同じように表現してしまうわけだ。

さらに厄介なことがある。**impress** は「**印象を与える**」という意味の動詞だが，❷のように**印象を与えられたほう**は**過去分詞**で表してよいが，❶のように**印象を与えるほう**は，現在分詞は使わず **impressive** という**形容詞形**を使うのだ。現在分詞の -ing 形は，いわば「補欠の形容詞」で，excite のような形容詞形を持たない動詞の場合は exciting という -ing 形を補欠として形容詞代わりに使うが，**本物の形容詞形**，いわばレギュラーの選手がいる動詞の場合は，**そちらを優先**させるわけだ。

---

❶ **The scenery was impressive [（×） impressing].** 「その風景は印象的だった」

❷ **I was impressed by the scenery.** 「私はその風景に感銘を受けた」

さらには**名詞形**を使うこともある。

---

❸ **It is a relief [（×） relieving] to take a bath after a day's work.**
「1 日の仕事のあとで風呂に入るのはホッとする」

❹ **I was relieved to see her come back.**
「彼女が戻ったのを見て私はホッとした」

---

relieve は「**ホッとさせる**」という意味の動詞で，過去分詞は使うが，**現在分詞は使わず**，「人をホッとさせるようなこと」という意味の**名詞 relief** を使う。これらは覚えるしかないが，形容詞は自分の気持ちを表現する上で非常に大切だ。よく使うものは本書巻末にまとめたので（→ p.182 ～ p.196），少しずつ覚えてほしい。

まとめ excite 型の感情を表す動詞の分詞形に注意

現在分詞を使うか，形容詞を使うか，名詞を使うかに注意。

◉**現在分詞 [形容詞 / 名詞]** は「**人を…させるような～**」

◉**過去分詞**は「**物に…させられる［させられた］人**」

1 Her lecture was so impressive that the audience listened to her silently.

2 It is irritating to be kept waiting for a long time.

▶ 1 の impress とは異なり，irritate は現在分詞で「人をイライラさせるような」という意味を表すことができる。

Lesson 60 分詞構文の基本と注意点

1 彼は音楽を聴きながら勉強をするのが好きだ。

2 彼はテレビをつけっぱなしにして眠ってしまった。

学校では「分詞構文」というものを文法で習うわけだが，**英作文では分詞構文は使わないほうがよい**。その理由はいろいろあるのだが，１つだけ挙げるとするなら，分詞構文というものはどちらかといえば文語調の，場合によっては少し古めかしい言い方だからだ。

たとえば When I got home「家に着いたとき」とする代わりに **Getting home ...** のように，**接続詞や主語を省略して書く**のが分詞構文である。省略，と言うと簡単になると思うかもしれないが，日本語でも，古文で書かれた和歌などを想像してもらいたい。省略がたくさんあるので読むのが大変だ。現代の新聞に載っているニュース記事が和歌のような調子で書かれていたら現代生活など営めなくなるだろう。

分詞構文も同じようなものと考えてもらいたい。分詞構文は接続詞が省略されるわけだ。読者はそこにどんな接続詞が省略されているのかを想像しながら読まなければならない。**接続詞を省略する分詞構文より，接続詞を使ってはっきり書いたほうがより現代的で好ましい。**

分詞構文を使った表現の中には「好ましくない」だけでなく，「明らかに間違って」使われてしまいがちなものがある。それがよく「**付帯状況の with**」と呼ばれるものだ。文法的な説明を簡単にしておこう。

まず分詞構文にするときは，２つの文の主語が同一の場合は，❶のように**接続詞と分詞構文の主語を省略**して作るが，２つの文の主語が異なる場合は，❷のように**分詞構文の主語（ここでは night）を残して作る**のがルールだ。

◉分詞構文の基本

❶ **Being tired, he went to bed early.**	（２つの文の主語が同一）
❷ **Night coming on, they hurried home.**	（２つの文の主語が異なる）

この❷のように主語が残った分詞構文のことを**独立分詞構文**と呼ぶ。この独立分詞構文の先頭につけることができるのがいわゆる**「付帯状況の with」**なのだ。参考書などでよく見かける「彼は目を閉じてソファーに座っていた」などという文も

成り立ちを追えば次のようになる。

---

❸ **He was sitting on the sofa while his eyes were closed.**

❹ **He was sitting on the sofa, his eyes closed.**

❺ **He was sitting on the sofa with his eyes closed.**

---

❸は while という接続詞を使って2つの文をつないである。それを分詞構文を使って書き直したのが❹（主語が異なるので，独立分詞構文になっている），さらにそれに with を付けたのが❺だ。つまり文法上大切なのは，いわゆる**「付帯状況の with」**というのは，**主語が違うときの「独立分詞構文」でしか使えない**ということだ。ところが❺のような例文だけが一人歩きしてしまい，付帯状況の with は「…の状態で」「…しながら」という意味だという，いいかげんな知識しか持たない人は，しばしば次のような英作文をしてしまう。

---

❻（×）**He eats breakfast with watching TV.**
「彼はテレビを見ながら朝食を食べる」

もちろんメチャクチャな文だ。この文では，**2つの文の主語が同じなのだから，with を付けてはいけない**のだ。それではどうしたらよいのか。「…しながら」は基本的には while を使うことをお薦めする。

---

❼ **He eats breakfast while (he is) watching TV.**

---

while は接続詞だが，**接続詞のあとの主語と be 動詞は省略してよい。**

> **まとめ 「…しながら」の表し方**
> ◉分詞構文を使わず，**〈while（主語＋ be 動詞）-ing〉**の形が無難でよい。
> ◉**付帯状況の with** は，**2つの文の主語が異なるとき**にしか使えない。

Section 11 準動詞を含む文の作り方

1 He likes studying [to study] while listening to music.

▶**2つの文の主語が同じ**なので，付帯状況の with を使うのは間違い。

2 He fell asleep while the TV was on.

別解 He fell asleep with the TV on.

▶**2つの文の主語が異なる**ので，付帯状況の with も使える。

復習問題

（準動詞を含む文の作り方 P.136 ~ P.153）

Lesson 52 ～ Lesson 60 で学んだことをチェックしよう。

1 豆腐（tofu）は 1,000 年以上も前に中国から伝えられたと考えられている。

2 地球の気温（the global temperature）はコンスタントに上昇していると報じられている。

3 この地域の気候は外国人が適応するのが難しい。

4 真剣に取り組むことなしには環境問題は解決されない。

解答例・解説

解説を読みながら添削しよう。
間違えたところは例題の頁に戻って解説を確認しよう。

1 Tofu is believed to have been introduced from China more than one thousand years ago.

別解 It is believed that tofu was introduced from China more than one thousand years ago.

➲ it を主語にして書けば何の問題もない。しかし日本語と同じように **Tofu を主語**にして英訳すると，ちょっと厄介だ。まず **that 節を使ってはいけない**ということ。さらに to 不定詞を **〈to have been p.p.〉** という形（主文より古く，しかも受け身）にする必要があるわけだ。

2 The global temperature is reported to be rising constantly.

別解 It is reported that the global temperature is rising constantly.

➲これも **1** と同じ。**the global temperature を主語**にするとちょっと厄介。**to 不定詞を進行形の形**，すなわち **〈to be -ing〉** の形にすることが必要。

3 The climate of this area is difficult for foreign people to get used to [adapt to].

別解 It is difficult for foreign people to get used to the climate of this area.

➲ it を主語にするなら問題ないが，その書き換えとして，上の解答例のように **「気候」のほうは主語にできる**が，**「外国人」を主語にはできない**ので注意。**「～に適応する」**は **〈adapt to ～〉**，**「～に慣れる」**は **〈get used to ～〉**。どちらでもよいが，「気候」を主語に書き換えたときには，最後に**前置詞を付けるのを忘れない**ようにすること。

4 Environmental problems cannot be solved if we don't cope with them seriously.

➲「…することなしに」という日本語を見ると，すぐに without を使いたくなるかもしれないが，あわててはいけない。「われわれが真剣に取り組むことなしに問題が解決しない」のように，**両者の主語が異なる**ことに気づかなければいけない。前置詞を使わず**接続詞 if** を使うのがよい。**unless** でもよい。

5 夜ゆっくり眠ると，さっぱりする。

6 この問題は複雑すぎて，私などは何も言えない。

7 手を振りながら歩くのはよい運動だ。

8 彼女の気持ちを考慮しないなんて，君は思慮に欠けていた (insensitive) ね。

5 It is refreshing to sleep well at night.

別解 You get refreshed if you sleep well at night.

「人をさっぱりさせる」は **refresh** という動詞を使う（→ p.182）。そこから派生した**現在分詞 refreshing** は「**人をさっぱりさせるような**」，逆に**過去分詞 refreshed** は「**さっぱりさせられた**」。上の解答例のどちらを使っても同じことを表現できるが，**何を主語にするかに**よって，**refreshing か refreshed** の どちらを使うのかを，混同しないようにしなければいけない。

6 This problem is too complicated for me to say anything about.

別解 This problem is so complicated that I cannot say anything about it.

「私はそれに関して何も言えない」とまず表現してみよう。**全部否定**のところで学んだ**〈no → not + anything〉**をしっかり思い出して，I cannot say anything about it. と書けるだろうか。また，もし**〈so — that〉構文**を使って書くのなら，この文をそのまま使えばよいし，**〈too ... to do〉の構文**を使って書くのなら，it がなくなり，結果として文の最後が about という前置詞で終わる，上の解答例のようになるわけだ。

7 Walking (while) swinging your hands is good exercise.

別解 It is good exercise to walk (while) swinging your hands.

いわゆる「付帯状況の with」を使ってしまわないように。この文では，自分で手を振りながら自分で歩くのだ。つまり**主語が一致**しているからだ。それではどうやってこの**「…しながら」**を表すのか。１つは「付帯状況の with」を伴わない，ただの**分詞構文**で書く。たとえば He sat **listening** to music. のようにする。または学んだように〈while -ing〉という形で表現する。どちらでもよい。また**「手を振って歩くこと」**というのは**不定詞**を使って表しても**動名詞**を使って表してもどちらでもよい。

8 It was insensitive of you not to consider her feelings.

別解 You were insensitive not to consider how she felt.

it を主語にして**〈of ＋名詞＋ to do〉**の形をつなげるか，その**〈of ＋人〉の部分を主語**にして表現するか，２つのやり方がある。どちらで書く場合でも，**時制**に注意。**「彼女の感情」**は **her feelings**（ふつう複数形を使う）とする以外に，名詞節を使い，**how she felt**（ただし時制の一致に注意）と書くこともできる。

Lesson 61 some と any の使い分け

例題

1 何かの本でジョギングよりウォーキングのほうが身体によいと読んだことがあります。

2 水泳を始めたいのですが，何か私にアドバイスはありますか。

今まで本書で学んできた以外で受験生がよく混乱していることの１つに，**some と any の使い分け**がある。確かにややこしい話なのだが，一度しっかり頭の中を整理すればスッキリするはずだ。

◉ some と any の使い分け

	some	any
肯定文	いくつかの • I have some questions.（可算名詞）	どんな～でも • Any child could do it.
	いくらかの • I have some milk.（不可算名詞）	
	なんらかの • Let's eat at some restaurant. （可算名詞だが単数形）	
疑問文	依頼 • Would you lend me some money?	• Do you have any questions? （可算名詞）
	勧誘 • Would you like some coffee?	• Do you have any money? （不可算名詞）
否定文	×	• I can't speak any foreign languages.
if 節	• If you have some questions, ask me. （たぶんあると思っている）	• If you have any questions, ask me. （あるかないかわからない）

この表にすべてがまとめられているが，上から順番に説明していこう。表を確認しながら読んでほしい。

● 肯定文 ⇒ some も any もどちらも使われる。**some** は**「いくつかの；いくらかの」**という意味を持つという印象が強いかもしれない。その意味のときは後ろに

可算名詞なら**複数形**がくる（**不可算名詞**の場合は**単数形**）。

ところが some のあとに可算名詞なのに**単数形**がくることがあり，その場合は**「なんらかの～」**と**不特定のもの**を表す。左頁の表の上から 3 段目の例文も「どこかのレストランで食べよう」の意味で，「いくつかのレストランをはしごしよう」という意味ではない。

また，肯定文で **any** を使うと**「どんな～でも」**という意味になる。ただし，必ず**単数形**を伴うことに注意。この any は比較（→ **Lesson 44**）で学んだ Mt. Fuji is higher than **any other mountain in Japan**.「富士山は日本のほかのどんな山より高い」の any だ。

● **疑問文** ⇒ **any** を使うのが原則。この any は**可算名詞**の場合，**複数形**を伴う。

例外として**疑問文**でも **some** を使う場合もあり，これも重要だ。1 つは「お金を少し貸してくれませんか」のように，**人に頼みごとをする疑問文**。もう 1 つは「コーヒーを少しいかがですか」のように，**人に何かを勧めるときの疑問文**である。要するに，どちらも形の上では疑問文だが，意味的には「お金を貸して！」「コーヒー飲んで！」のように，平叙文扱いということだ。

● **否定文** ⇒ 疑問文とは逆に some はまったく使われない。しかし，いつでも **any** を使うわけではなく，全部否定（→ **Lesson 5**）で学んだように，**no と〈not + any〉を使い分ける**。忘れてしまった人はもう一度見直しておこう。

● **if 節中** ⇒ some と any のどちらを使ってもよい。あえて言えば，「もし問題があれば」は if you have **some** problems, ... のように some を使うと**「おそらく問題が起こるだろう」**，if you have **any** problems, ... のように any を使うと**「問題が起こるか起こらないかわからないけれど」**，というニュアンスを持つ。

以上，言葉で説明すると複雑に見えてしまうかもしれない。ある程度の慣れも必要だろう。英作文を書いていて迷ったら左頁の表を常に見直してほしい。

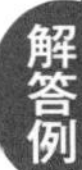

1 I have read in some book that walking is better for the health than jogging is.

▶ **some のあとに単数名詞**を持ってくることで**「なんらかの～」**という意味を表す。経験を表す現在完了形にも注意。

2 I would like to take up swimming. Do you have any advice for me?

▶ take up は「習慣などを身につける」という意味。begin などでもよい。

Lesson 62 数量の形容詞

例題

1 日本人のほとんどは英語を６年以上学んでいる。

2 しかし彼らの中でうまく話せる人はあまりいない。

▶ 1 と 2 は一連の文章と考えること。

some boys などと言うときの some は**形容詞**だ。名詞を修飾しているからだ。けれども単に数量しか表さないので**「数量の形容詞」**と呼ぶことにしよう。

数量の形容詞には，**all**，**most**，**many**，**some**，**(a) few** などがある（右頁下のまとめ参照）。このうち，まず気をつけてもらいたいのは，**「大部分の」**を表す **most** である。**「ほとんど」**を表す **almost** と紛らわしいからだ。

almost のほうは**副詞**である。したがって almost full「ほとんどいっぱいの」とか almost perfect「ほとんど完璧な」のように**形容詞を修飾**する。逆に，（×）almost boys「ほとんど少年たち」とは言えない。文法的に言えば **almost は副詞なので，原則的には名詞 boys を修飾できない**ということだが，日本語で考えたほうが簡単かもしれない。almost はあくまでも「ほとんど」であり，「ほとんどの」ではない。「ほとんどいっぱい」，「ほとんど完璧」はよいが「ほとんど少年たち」では日本語で考えても変だと言うことだ。

日本語で考えるほうがメリットは大きい。たとえば almost everyone「ほとんど全員」という表現は文法的に考えると almost という副詞が everyone「全員」という名詞を修飾するというのは間違いのように感じるが，実は正しい。それを文法的に説明しようとすると，everyone はもともとは every「すべての」＋ one「人」から成り立っていて，**almost は every という形容詞を修飾**しているのだ，などと面倒なことを言わなくてはならなくなってしまう。日本語で「ほとんど全員」と言えるように，almost everyone も正しいと単純に考えよう。

それに対し，**most** は**「大部分の」**という意味を表す**形容詞**である。副詞の almost とは逆に，most boys「大部分の少年たち」はよいが（×）most perfect「大部分の完璧」は間違いだ。それだけの話だが，便宜上，**〈most ≒ almost all〉**という公式で覚えておこう。（×）almost boys は間違った表現だが，間に all という形容詞を入れて almost all boys「ほとんどすべての少年たち」とすれば問題ない。そうすれば almost all「ほとんどすべての」≒ most「大部分の」となるわけだ。

まとめ almost（副詞）と most（形容詞）

(○) **almost perfect**	「ほとんど**完璧**」
(×) **almost boys**	「ほとんど**少年たち**」➡ (○) **most boys**「**大部分の少年**たち」
(○) **almost everyone**	「ほとんど**全員**」
(○) **almost all (the) boys**	「ほとんどすべての**少年**」≒ **most boys**「**大部分の少年**たち」 ▶ all のあとには the を付けることもよくある。なくてもよい。

さて話を元に戻そう。**some** のような「数量の形容詞」は**名詞的**にも使える。some boys「何人かの少年たち」のほかに **some** of the boys「その少年たちの何人かの人」のようにも使えるのだ。ただしその場合は，「その」という日本語にも表されているように，ある特定の集団のうちの何人か，という意味になり，**特定の集団**を表す **the**「その」，**these**「これらの」や **those**「あれらの」，または**所有格**（some of **my** friends「私の友人の何人か」のような）を付けなければならない。

意味の上でも両者は異なっている。ばくぜんと「多くの人が…」とか「わずかな人だけが…」と言うときには**形容詞**として使い，「ある特定の集団のうちの多くが…だ」というように，特定集団の何パーセントのようなことを表現するときは名詞を使う。形容詞を使うべきところで，名詞を使う間違いが目立つ。「その人たちの何人か」のように，「その」と付けて訳して変なら，形容詞を使うと考えよう。

まとめ 数量の形容詞とその名詞的な用法

all (the) boys	すべての少年たち	➡	all of the boys	その少年たちの全員
almost all (the) boys	ほとんどすべての少年たち	➡	almost all of the boys	その少年たちのほとんど全員
most boys	大部分の少年たち	➡	most of the boys	その少年たちの大部分
some boys	何人かの少年たち	➡	some of the boys	その少年たちの何人か
(a) few boys	数人の少年たち	➡	(a) few of the boys	その少年たちの数人

1 Most Japanese people study English for more than six years.

▶ここでは most of the Japanese people「その日本人の大部分」のように**特定の日本人のうちの何パーセントと言っているのではない**ので，**形容詞的に most** を使い，most Japanese people とする。

2 But few of them can speak it well.

▶今度は「**その**（6年以上英語を学んでいる）日本人のうちで」と特定されているので，**few** を**名詞**として使う。

Lesson 63 名詞の形（1）

（冠詞の扱い / 単数・複数の扱い）

例題

1 嘘をつくのは悪いことだというのは子どもでも知っている。

2 犬は飼い主が近くにいる（be around）ときにしか吠えない。

英作文の授業をしていて「先生，**a と the の使い分け**がわからないんですが…」というような質問を受ける。この質問が一番困る。非常に難しい問題で，一言では答えようがない。けれどもわれわれが外国人として常識的な範囲で間違いを少なくすることはできる。そのためにいくつかの**原則**を提示しておこう。

● 原則１ ⇒ **可算名詞には必ず a か the か複数形。**

英語の中には可算名詞か不可算名詞か判断に迷うものも確かにある。けれども多くは常識的に判断がつくはずだ。そして可算名詞だなと思ったら，a も the も付けず，単数形で放置しては絶対にダメだ。

笑い話がある。dog は当然，可算名詞だが，「私は犬が好きだ」と言うつもりで I like dog. などとしてしまうと大変だ。chicken は生きている鶏を表すときは可算名詞だが，鶏肉という意味では不可算名詞だ。「dog」とすると同じように不可算名詞扱いということになってしまい，「私は犬の肉が好きだ」（！？）という意味になってしまう。

● 原則２ ⇒ **一般論を表すときは，可算名詞は無冠詞複数，不可算名詞は無冠詞単数。**

一般論を述べるときは**可算名詞は無冠詞複数**にするのがよい。

❶ **Cats are cute.** 「ネコはかわいい」

I like cats. 「私はネコが好きだ」

the cat としてしまうと「そのネコ」のように**特定のネコ**を指しているように聞こえてしまうし，だからと言って a cat とするのもダメだ。これはまるでクイズ番組のようだ。「ある１匹のネコがかわいい」と言えば，「さあ，それでは，そのネコとはどのネコのことでしょう？」という話の流れになってしまいそうだ。つまり，a cat と言うと，はっきりとは言わないまでも，やはり**どれか特定のネコの話を念頭に置いて話しているように聞こえる**わけだ。

他方，**不可算名詞**は**一般論**を述べるのに**無冠詞単数**を使う。

---

❷ **Science is interesting.** 「科学とはおもしろいものだ」

（×）the science のように無駄な the を付ける間違いが目立つ。名詞には a や the を絶対付けると中学校の頃に習ったためかと思われるが，それは**可算名詞**の話だ。drink water「水を飲む」でわかるように，**不可算名詞は無冠詞が原則**だ。

● 原則３ ⇒ **普遍的に当てはまらないときは the か所有格。**

ところが 原則２ で述べた**「一般論」**というのは，実はなかなか難しい定義だ。こんな例で考えてみよう。

---

❸ **Students must respect the [their] teachers.**
「学生は先生を敬わなければいけない」

「学生たち」というのは**一般論**であり，**無冠詞複数**がふさわしい。ところが**「先生」**というのは一般論ではないのだ。一般論というのは世界中すべてのものに普遍的にあてはまらなければいけない。学生は，世界中すべての教師を尊敬するわけではない。たとえば，自分たちの受け持ちの先生を尊敬するだけだ。一見，一般論に見えるが，これは世界中の教師のうちのある特定の教師にのみあてはまるわけだ。こうした場合は，**一般論ではなく特定**ということを示すために **the** か，または「自分たちの先生」と考えて**所有格**を付けなければいけない。**the と所有格は多くの場合，交換可能**と考えてよい。

---

❹ **Health is precious.** 「健康は貴重だ」

---

❺ **Smoking is harmful to the [your] health.** 「喫煙は健康にとって有害だ」

---

❹の health は一般論なので，❷と同じように**無冠詞単数**だが，❺の health は一般論ではなく，タバコはそれを吸う人の健康に悪い，というのだ。つまり**特定**と考えて，**the か所有格を付ける**わけだ。一般論か特定かを見極めるのは難しいが，だんだん慣れていこう。

解答例

1 Even children know it is a bad thing to tell lies.

▶ children も lies も**一般論**。

2 Dogs bark only when their owners are around.

▶ dogs は**一般論**だが owners は**一般論ではない**。

Lesson 64 名詞の形(2)

例題
1 外国語を学ぶときは文法を最初に学ぶべきだ。
2 あの机の上の本を取ってもらえませんか。

前の課の**名詞の形**に関する原則をもう少し続けよう。

● 原則4 ⇒ **一般論でも，if や when などの条件を表す表現の中では単数形。**

make a mistake「間違いをする」という熟語を例にとろう。辞書などを見ると，「間違いをする」make a mistake などと書いてあるが，辞書などは単数形で書いてあるもので，それをどのような形に料理するかは使う人が考えなければならない。❶のような**一般論**では，もちろん**無冠詞複数**にして使う。

❶ **It is natural to make mistakes.**

❷ **When you make a mistake, you have to correct it.**

同様に❷も一般論だと考えて，複数形にしたいところだ。しかしこのような文では複数形にすると少し誤解が起きる可能性がある。「もしいくつかの間違いをしたときには直せ」，つまり間違いが1つだけの場合は，直さなくてよいと言っているように聞こえてしまう。「1つでも間違いをしたら直さなければいけない」という意味にしなければならず，そのためには**単数形**を使う必要がある。

一般的に，**条件を表す if や when の中では，単数形を使う**と考えてよい。

● 原則5 ⇒ **後置修飾が付いている名詞の扱いは関係詞のところで学んだルール（→ Lesson 22）に準ずる。**

関係詞が付いた名詞について **Lesson 22** で説明したことは，関係詞に限らず，後ろからの修飾語が付く名詞すべてに関して普遍的にあてはまる。

❸ **Getting exercise is a way to stay healthy.**
「運動をするのは健康でいるための方法だ」

❹ **The climate of Hokkaido was milder than I expected.**
「北海道の気候は思ったより温暖だった」

❸においては，健康でいるための方法はいくつもあり，運動をするのはそのうちの１つと言いたいのだ。つまり名詞を後ろから修飾している to 不定詞によって，名詞が１つに定まらない。このような場合は**〈a ＋名詞〉**となる。それに対して，❹においては **of Hokkaido という修飾語**によって，どこの気候なのか，それが**１つに定まる**。その場合は**〈the ＋名詞〉**になるわけだ。

● 原則６ ⇒ **聞き手にとって未知のものでも，話し手にとって唯一のものには the を付ける。**

高校生や受験生の頭の中には中学校で習った「初登場の名詞には a を付ける。２度目からは the を付ける」というルールがあるためか，初めて出てきた名詞に the を付けることに非常に抵抗感を感じているようだ。しかし実際は**初登場でも the を付ける**ことはいくらでもある。

---

❺ **When I was cooking in the kitchen, I heard someone knock on the door.**

❻ **I read in the newspaper that there was a big earthquake in Italy.**

ふつうの家にはキッチンは１つしかない。話者にとって「私がキッチンで料理中」と言えば，そのキッチンというのは**話者にとって決まり切った「あの場所」**である。そのようなものには**初登場でも the** を付けるのだ。逆に a kitchen としたら，「家の，たくさんあるキッチンの中の１つで料理中に…」と言っているように聞こえてしまう。同様に，❻でも購読している**いつもの新聞**と言うときには **the** を付けるわけだ。「a」にすると，いろいろ購読しているうちの一紙で読んだ，と言っているように聞こえてしまう。

以上，６つの原則を挙げた。これだけで完璧に使いこなせるようにはならないのは言うまでもないが，これらの原則をしっかり身につければたいていの場合には対処できるようになるはずだ。

1 When you study a foreign language, you must learn the grammar first.

▶ **when 節の中の名詞は単数形。**「文法」は「その学んでいる言語の文法」と特定されているから the。

2 Could you pass me the book on the desk?

▶机は**何か特定の机**を指しているのだろうから the。机の上にある本も１冊だけなのだろうから，これも the。

Lesson 65 不定代名詞の基本と注意点

例題
1 お金が一番大事だと考える人もいる。
2 知らない人に紹介されたときは，相手の名前を覚えるようにしなければいけない。

不定代名詞という文法用語を知っているだろうか。まずは，ばくぜんと物を表す **much** または **a lot**「たくさんのもの」，**something**「なんらかのもの」，**(a) little**「わずかなもの」，**nothing**「ゼロ個のもの（何も…ない）」など，さらには **many**「たくさんの人・もの」，**somebody**「なんらかの人」，**few**「わずかな人・もの」，**nobody**「ゼロ人の人（だれも…ない）」などといった単語の呼び名である。これらは，名詞ではあるが，意味がばくぜんとしているので，住所不定などというのと同じように，不定代名詞，と呼ぶのだ。これらの不定代名詞に関してもミスをしやすい点がいくつかある。

まず１つ目は，**much**，**little**，**a little** などは不定代名詞として使えるほか，**副詞や形容詞としても使える**ので，それを**混同**してしまう人がいるということだ。

❶ **I like her very much.**	（副詞）
❷ **I don't know much about her.**	（不定代名詞）

❶の **much** は「すごく…好き」のように，like という動詞を修飾する**副詞**だ。このような副詞は原則として**文末**に置けばよいし，中学校以来，文末に置くことに慣れてしまっているはずだ。ところが❷の **much** は**「たくさんのこと」**という意味の**不定代名詞**であり，know の**目的語**になっている。したがって置かれる位置も **know のすぐあと**であり，（×）I don't know about her much. などと文末に置いてしまってはいけない。

しかし英作文でもっと間違いが多いのは，**someone や something の意味の勘違い**のようだ。以前，some は後ろに単数名詞を伴った場合は「いくつかの」ではなく「なんらかの」という意味であると学んだのを覚えているだろうか（→ **Lesson 61**）。**somebody** も，もともと some に body（単数）がくっついてできた単語である。「何人かの人」ではなく**「なんらかの人」**なのだ。つまり**意味的には単数**だということだ。

たとえば「チョコレートが何より好きな人もいる」という文を以下の❸のように英作文する人がいる。

---

❸（？）**Somebody likes chocolate more than anything else.**

文法的には間違いではないが，「どこかのだれかが 1 人だけチョコレート好き」という意味になってしまう。somebody は **some people** であるべきだ。

同様に，「環境を守るために何かをしたい」という文を❹のように書く人も多い。

---

❹（？）**I want to do something to protect the environment.**

原文の日本語にも問題があるのかもしれないが，「何か 1 つのこと」だけやりたいと言っているようだ。いろいろ直し方はあるだろうが，たとえば，... do anything I can ...「できることを何でも」などにするのはどうだろう？

もちろん，前の課で述べたように，**if 節などの中**では単数を使うのが原則なので，**somebody** や **something** のような**単数扱いの不定代名詞**（または anything や anybody に代わることもある）を多用することになる。

---

❺ **If you have anything to ask, please call us.**
「たずねたいことが 1 つでもあれば電話してください」

---

❻ **If anybody asks me what I want for Christmas, I will say I want a bike.**
「だれか 1 人でも僕にクリスマスに何がほしいかたずねたら，僕は自転車がほしいと言うね」

まとめ somebody や something の意味

◉ **somebody や something は意味的に単数。**

1 Some people think that money is more important than anything else.

▶「…人もいる」という日本語から，somebody thinks ... とするのは間違い。

2 When you are introduced to someone, you have to remember their name.

▶ 1 とは逆に，someone［somebody］という単数形を使って書く。when の節中だからだ。最後の their については次の Lesson 66 の❺を参照のこと。〈introduce A to B〉で「A を B に紹介する」。ここはその受け身だ。

Lesson 66 人称代名詞の基本と注意点

例題

1 この山の頂上からはきれいな景色が楽しめます。

2 友達に電話するときにはその人の邪魔にならないよう気をつけなければならない。

日本語ではよく**一般論的な話**の場合は**主語を省略**してしまうことがある。たとえば「がんばればなんでもできる」などと言ったりする。でもだれががんばるのだろうか？　このような日本語を英語にしようとするときに，**何を主語にしたらよいのだろう**，という問題にぶつかるはずだ。

日本語ではしばしば**一般論**を「われわれは…」のような言い方をするので，英語でもこうした場合にすぐ we を使おうとする人がいる。しかし残念ながら we は一般論を語るのに向いている場合もあるが，向いていない場合もかなり多い。アメリカ人などに聞いてみると，**we はあいまいな感じがする**ということだ。

日本語でも同じことだが，たとえば「われわれは米を主食にしている」などと言えば，その「われわれ」は日本人のことを指しているだろうし，「われわれはテクノロジーに依存しすぎている」と言えば現代人のことを指すのだろうし，「われわれは絶対全員合格を目指します」などと言えば，その「われわれ」はどこかの高校か塾の生徒を指すだろう。つまり文脈によってだれを指しているのか，わかる場合も多いが，それにしてもやはり「われわれ」というのは結局だれのことを指すのか，多義的であり，それが英語を母語とする人たちが we をあまり好まない理由だ。**we は文脈上，だれを指すか明らかな場合だけ使おう**。たとえば❶だ。

---

❶ **Japan is poor in natural resources, so we have to depend on other countries for them.**

「日本は天然資源に乏しい国だから，われわれは他国にそれを頼らざるを得ない」

それ以外の場合の一般論はどのように表すかと言うと，you や people をよく使う。

---

❷ **You can stay healthy by getting exercise regularly.**

「定期的に運動をすることで健康を維持できる」

---

❷のような文で we を主語にすると，「われわれは…維持できる，の『われわれ』

ってだれ？」ということになってしまう。このようなときの主語は **you** がよい。ただ you にも欠点はある。

---

❸（？）**You must do anything you can to protect the environment.**
「環境を守るためにできることを何でもしなければならない」

---

❸は間違いではないが，何か「君がやりなさい」と言っているような感じもする。we のほうが妥当かもしれない。people を使うのが一番間違いがないと言えばそうかもしれないが，次のような文ではどうだろう。

---

❹（？）**People can get there in five minutes if they take a taxi.**
「タクシーを拾えばそこまで５分で着く」

大げさな感じで，「人は５分で行くが，タヌキは無理」と言っているようだ。

以上，これを使うとよいというルールを決めるのはなかなか難しい。**状況に応じてうまく we，you，people を使い分けるしかない。**しかし少なくとも we の一本やりではなく，この場合にはどれがよいかな，と考えるようにしたい。

それと人称代名詞に関してはもう１つ知っておいてもらいたいことがある。**性別がわからない単数の人は they で受ける**ということだ。

---

❺ **When a friend of yours is in need, you must help them.**
「友達の１人が困っているときには，その人を助けなければいけない」

友達というのが男か女かわからない。以前はこのような場合，you must help him のように勝手に男性として扱ったり，それでは性差別だと言うので，you must help him or her としたりしたのだが，最近は面倒なので単数複数が合わないことは承知の上で，**they で受けてしまう**のである。

1 You can enjoy a beautiful view from the top of this mountain.

▶このような一般論的な話では，you を使うのが圧倒的によい。we を使うと「われわれは…」の「『われわれ』ってだれ？」となるし，people を使うと「人間はできるがタヌキは無理」と言っているようだ。

2 When you call a friend, you should be careful not to disturb them.

▶ when 節の単数形の a friend を they で受けていることに注意。

復習問題

（名詞・代名詞・形容詞の使い方と注意点 P.158 ~ P.169）

Lesson 61 ～ Lesson 66 で学んだことをチェックしよう。

1 大部分の日本の家屋は木でできていて，それらの多くは30年以内に取り壊されて (pull down) しまう。

2 お腹がすくと，たやすくイライラする（be irritated）ものだ。

3 知らないところを訪問するときには，前もって（in advance）よく調べておく（try to learn about ～）必要がある。

4 夏でも物を冷やしておける冷蔵庫は，われわれの生活様式を一変させた。

解答例・解説

解説を読みながら添削しよう。
間違えたところは例題の頁に戻って解説を確認しよう。

1 Most Japanese houses are made of wood and most of them are pulled down in less than thirty years.

「その日本の家屋の大部分は…」と日本語で言ったら，聞いているほうは「その…ってどの？」と思うだろう。英語で most を名詞で使い，most of the Japanese houses とすると，まさにその感じになってしまう。「大部分の」という日本語につられて of を使いたくなる気持ちはわかるが，ここは most を形容詞で使う。**形容詞の most** には，それ自体にすでに**「大部分の～」と，「～の」を含んでいる**ことを了解しておいてほしい。それに対して，問題文後半の「それらの多く」というのは，前の文を受けて「その日本家屋（木造で作られている日本家屋）の大部分…」というわけだから，こちらは**名詞として most を使う**わけだ。**「30 年以内」**は **within thirty years** と書いてもよい。

2 People get irritated easily when they are hungry.

一般論で何を主語にするのか，というのがテーマだ。まず we はあまり好ましくない。「われわれは怒りっぽくなる」と言えば「われわれって…だれ？」ということになる。you を使った場合も「君は怒りっぽくなるね」と特定の人に向かって説教をしているようだ。結局 **people** しかない。

3 When you are going to a place you have never been to, you have to try to learn well about it in advance.

2 とは逆に，このような文では主語を you にするのが一番よい。「知らないところ→行ったことのない場所」は，本来なら一般論的に無冠詞複数を使い，places としたいところだが，**条件の when の節の中なので単数形**を使う（→ **Lesson 64**）。

4 Refrigerators have changed our life styles because they can keep things cool even in summer.

「物」を something としてしまうと，「何か１つの物を冷やしておける」と言っているようだ。きちんと**複数形**にして **things** としよう。「夏でも物を冷やしておける冷蔵庫」は，**関係詞を非制限用法的に使っても書ける**が，上の解答例のように「夏でも物を冷やしておけるので…」と考え，**because のような理由を表す接続詞を使うのが一番よい。「冷蔵庫」**は**可算名詞**。一般論だから**無冠詞複数**がよい。

5 この問題が解ける人はいませんか。

6 雨の降る朝は電車が混んでいる。

7 欧米では初めて知人の家を訪問したときには，家の中を見せてくれる（show ＋人＋ around the house）のが習わしだ。

8 途中でだれかに会ったら，その人にこっちには危険だから来ないように伝えてください。

5 Can anyone solve this problem?

別解 Is there anyone who can solve this problem?

◯純粋な**疑問文**であり,「(問題が解ける) 人」は **anyone** か **anybody** を使う。

6 On mornings when it is raining, trains are crowded.

◯「雨の降る…」の部分を関係副詞 when を使って表すとして,その関係詞によって修飾される morning をどういう形にするかが 1 つのポイントだ。雨の降る朝などいくらでもあり,その朝はいつでも電車が混んでいるのだから,**Lesson 22** で学んだ**「多 / 多」**に相当する。すなわち,**無冠詞複数**にしなければいけない。rainy という形容詞を使って on rainy mornings としてもよいが,その場合でも一般論なのだから,無冠詞複数だ。**「電車」**というところももちろん一般論であり**無冠詞複数**だ。

7 In Western countries, when you visit an acquaintance for the first time, it is customary for them to show you around the house.

◯まず**主語**は **you** か **people** が無難そうだ。**「知人」**は **when 節中**なので**単数形**にする。その an acquaintance という単数を,そのあとで **they で受けている**ことに注目してほしい(→ **Lesson 66**)。「習慣」を表す名詞は custom なので,It is a custom …としても可。ただし a を忘れないように。ここでは形容詞の customary を使った。

8 If you meet someone on the way, please tell them not to come here because it is dangerous.

◯ **if 節中**は **someone** (somebody も可) で**単数形**。anyone でもよい。**7** 同様,それを **they で受けている**点に注意。

入試問題に Try!

さぁ，いよいよ入試問題です。本書で学んだことを思い出しながらチャレンジしましょう。手強い問題はヒントを参考にして，まずは自分の力で書いてみましょう。語彙の点で難しさを感じるようなら，182 頁～ 216 頁の文例集で語彙の補強をして下さい。

01 ありふれた単語ほど使い方もいろいろあります。よく知っているはずの単語も，ときどき辞書で確かめるべきです。 （金沢大）

ヒント ❶「…なほど」→〈the ＋比較級 , the ＋比較級〉の構文で。/ ❷「よく知っているはずの単語」→「よく知っていると自分で思っている単語」

02 日本語に関する考え方は大きく変わった。日本語は特殊で難しいと考える人の数は以前より減った。 （日本女子大）

ヒント ❶「考え方」を how to think ... などとしてはダメ。/ ❷「特殊な」は unique とか special でよい。/ ❸「減った」は decrease などという単語は使わず，「以前より少ない人々が…と考えている」とすればよい。

03 **地球は今日，深刻な環境問題に直面しています。地球上の生物が生き延びるためには，人類が環境保全問題に積極的に取り組まなければなりません。**

（岩手大）

ヒント ❶「生物が生き延びるために…」という目的は〈so that〉構文で。/❷「環境保全問題に積極的に取り組む」は「環境を守るよう一生懸命がんばる」と書けばよい。

04 **ワープロを使い始めてもう 10 年になる。こうまで慣れてしまうと短い文章を書くのでさえも手書きが面倒だ。漢字が思い出せずにもどかしく思うことも多い。**

（横浜市大）

ヒント ❶パソコンが普及する以前のワープロ専用機なら a word processor だが，ここでのワープロは，おそらくパソコンに搭載されているワープロソフトのこと。それなら write on the computer「パソコン上に書く」でよい。「パソコンで書くことを学んで以来 10 年…」と書くほうが，多少意訳でも常識的。/❷「手で書く」は write by hand。「面倒だ」は名詞 a nuisance「面倒なこと」がよい。「もどかしい」は irritate「イライラさせる」（→ **p.183**）を分詞でうまく使いたい。

05 旅に出ると私はもっぱらバスを利用することになる。バスは，町でも村でも辺境の地でもその土地についての勘を養うにはもってこいの手段であるからだ。たとえそれがどれほど単調な風景の場所を走っていようとも，バスが動いている限り退屈するということがない。　（山口大）

ヒント ❶「町でも村でも辺境の地でも」は「たとえあなたが町にいても村にいても…」のように譲歩の構文を使って書けばよい。「辺境」は the countryside で書こう。「土地勘を養う」は〈find one's way around〉。「単調な」は monotonous。

06 外国に行って初めて日本の伝統文化のよさに気づくことがよくある。ふだんは西洋式の生活様式をしているわれわれも，ときには自分たちの出自を思い出したほうがよい。　（武庫川女子大・一部改題）

ヒント ❶「～して初めて…」は〈It is not until ～ that ...〉という構文を知っている人はそれを使ってもよいが，もっと簡単にも書ける。only を使って，I heard the news only yesterday. とすれば「昨日初めてその知らせを知った」だ。この only を when の前に使って，〈... only when SV〉と書けば「S が V して初めて…」を表せる。「西洋式の生活様式をする」は live in Western ways of life でよい。

07 **バランスの取れた食事を取ることは特に難しくない。最も簡単な方法はできるだけ多くの異なった種類の食物を取り，１種類の食べ物を食べ過ぎるのを避けることである。** （愛媛大）

ヒント ❶「バランスの取れた食事を取る」は have a well-balanced diet。このような場合は「食事」を food や meal ではなく，diet という名詞で表す。しかし，「異なった種類の食品」などと言うときは food を使う（→ **p.204**）。food は一般的には不可算名詞として使ったほうがよい。

08 **日本人は概して余暇の過ごし方があまり上手ではないと言われてきた。夏休みなども西欧諸国に比べるとお話にならないほど短い。働いているのが善であり，遊んでいるのは悪であると考えられてきた。** （名古屋大）

ヒント ❶「日本人」をよく Japanese としてしまう人がいるが，それでは **2** の問題の「日本語」になってしまう。「日本人」は Japanese people としっかり書こう。/ ❶「余暇の過ごし方が…」のところは「余暇を楽しむのが下手＝ be poor at enjoying their vacations とすれば簡単に書けそうだ。/ ❶「遊ぶ」は play を使うのは好ましくない。play は子どもに使う言葉。大人はあまり play はしない。文意から考えて「働くのは善，働かないのは悪」とすればよい。

解答例・解説

01

ありふれた単語ほど使い方もいろいろあります。よく知っているはずの単語も，ときどき辞書で確かめるべきです。

The commoner a word is, the more ways there are of using it. So, you should look up even words which you think you know well.

◆「**ありふれた**」「(パソコンなどが) **普及した**」を表す形容詞は **common** がよい（→ **p.212**）。

◆〈**the ＋比較級 , the ＋比較級**〉の構文を使って「**ある単語がありふれていればいるほど，いろいろな使い方がある**」ということを表現してみよう。この構文を使うときの注意事項をしっかり守らなければいけない（→ **p.108**）。A word is common.「ある 1 つの単語がありふれている」，There are many ways of using it.「それを使うやり方がたくさんある」というそれぞれの文をこの構文に書き直せば，上の解答例のようになる。

◆「**知っているつもりの単語**」を関係詞を使ってうまく書いてみよう。そのような単語は不特定多数あり，それらをみな折りにふれて辞書で調べなさい，というわけだから〈多 / 多〉の関係（→ **p.59**）に相当するので，先行詞は**無冠詞複数**で words とする。さらに You think you know words.「あなたは単語を知っていると思っている」という文の words が関係詞に代わったと考えると，words (which) you think you know で「あなたが自分で自分が知っていると思っている単語たち」を表せる。つまり，複文構造になっている関係詞節をしっかり使いこなすのがポイントというわけだ（→ **p.62**）。

02

日本語に関する考え方は大きく変わった。日本語は特殊で難しいと考える人の数は以前より減った。

The way people think about Japanese has changed a lot. Fewer people think that Japanese is particular and difficult than before.

◆「**考え方**」は〈**the way SV**〉の形で書こう（→ **p.71**）。文脈から，日本語に関するたいていの人の考えは同じ，ということで単数形にしたが，複数でもよい。

◆ speak English「英語を話す」と同様，「**日本語**」は the なしで Japanese。 the Japanese では「日本人」になってしまう。the Japanese language でもよい。こちらは language という可算名詞が続くから **the を付ける**。

◆「**考え方が変わった**」は過去形はダメ。「**結果」の現在完了**を使う（→ **p.26**）。

◆「**少ない～**」は次に可算名詞がくるなら **few**，不可算名詞がくるなら **little** を使う。few の比較級は fewer，little の比較級は less。したがってここでは，Fewer people ... than before. の形で「以前より，より少ない人が…（＝以前より…する人が減った)」を表せる。**than before** は受験生になじみやすいよう文末に置いたが，文末に置くと that 節がどこまで続くかが見にくくなるので，Fewer people than before think ... のほうが読みやすいかもしれない。

03

地球は今日，深刻な環境問題に直面しています。地球上の生物が生き延びるためには，人類が環境保全問題に積極的に取り組まなければなりません。

The earth is now faced with serious environmental problems. We must try hard to protect the environment so that living things on the earth can survive.

- 「～に直面している」は〈**be faced with ～**〉または〈**be confronted with ～**〉がよい。
- 「守る」は **protect** や **save** や **preserve** など，どれを使ってもよい。
- 「環境」**the environment** は**必ず the を付けて**使う。「自然を守る」と考えて protect nature としてもよいが，**nature** は the environment とは対照的に **the を付けないで**使う。
- 「生物が生き延びられるよう，人類ががんばる」のように主語が違う場合は，目的を表す〈so that〉構文を使うのが便利だ。またこの構文中では助動詞を使うのが原則（解答例では can を使った）（→ **p.86**）。
- 「生物」は **living things** が一番よい。animals は動物，plants は植物，これらを総称したものが living things「生物」。「生物」を creatures と書く人がいる。これはこれで重要単語だが，もともと create「創造する」から転じて「神が創造したもの＝生物」となったもので，文学作品にはよいが，科学的な文の中ではあまり好ましいとは言えない。
- 「**人類が取り組まなければ…**」のところは簡単に we としたが，もちろん日本語どおりに humans や human beings，または people などとしてもよい。ただし humans などを単数形で書いてしまうミスをよく見かける。もちろん複数形にする。

04

ワープロを使い始めてもう 10 年になる。こうまで慣れてしまうと短い文章を書くのでさえも手書きが面倒だ。漢字が思い出せずにもどかしく思うことも多い。

It is ten years since I learned to write on the computer. I am so used to it that I feel it is a nuisance to write even a short sentence by hand. Sometimes I am irritated that I cannot remember a Kanji.

- 「…して～年」は，**It is ten years since ...**「…して以来 10 年」のような「時」を表す it を使う構文を知っている人も多いだろう。それを使ってもよいし，または「パソコンを 10 年使い続けている」ことを「継続」の現在完了進行形で I **have been using** the computer for ten years to write things.「物を書くのに 10 年間ずっとパソコンを使い続けている」と書くこともできる（→ **p.28**）。
- 「**こうまで慣れてしまうと…**」の部分が一番問題だ。「慣れてしまったから面倒だ」と考えて because などの理由・原因を表す表現を使うことも不可能ではないが，パソコンに慣れると自動的に手書きが面倒になるわけではない。そのくらい慣れてしまったと大げさに程度を強調したいのだ。こういう場合は〈**so — that**〉**構文**を使いたい（→ **p.82**）。
- 〈**be used to ～**〉「～に慣れている」という熟語では，あくまでも used が「慣れている」という形容詞だから，〈so — that〉構文の so はその used の前に置く（→ **p.82**）。
- 「**短い文章を書くのも面倒**」という部分で，sentence「文」は可算名詞。一般論だと考えて無冠詞複数でもよいが，「１つの文を書くのでさえ」と考えて単数形にした。

05

旅に出ると私はもっぱらバスを利用することになる。バスは，町でも村でも辺境の地でもその土地についての勘を養うにはもってこいの手段であるからだ。たとえそれがどれほど単調な風景の場所を走っていようとも，バスが動いている限り退屈するということがない。

When I travel, I always take buses. Whether I am in a town, a village, or the countryside, buses are a good means to find my way around. No matter how monotonous the scenery is, if the bus is moving, I am never bored.

長い日本語の問題文にめげるかもしれないが，解答例からわかるようにそれほど難しい問題ではない。文法上のポイントは２つの譲歩の構文をしっかり書くこと。最初の**「たとえ～にいても，…にいても」**の部分は **whether** を使い，**「たとえどんなに単調でも」**は **no matter how** を使って書けばよい。ただし how に monotonous という**形容詞をくっつけて**使うことに注意（→ **p.7**）。

少し意訳して**「風景がどのくらい単調でも」**としたが，もちろん no matter how monotonous the place is のように書いてもよい。

「退屈させる」は bore（→ **p.182**）。現在分詞と過去分詞を使い分けよう。**boring**「（人を）退屈させるような（もの）」，**bored**「退屈させられた（人）」。

06

外国に行って初めて日本の伝統文化のよさに気づくことがよくある。ふだんは西洋式の生活様式をしているわれわれも，ときには自分たちの出自を思い出したほうがよい。

We often realize how wonderful Japanese traditional culture is only when we travel abroad. We live in Western ways of life, but sometimes we should remember where we come from.

２つの名詞節をしっかり書くこと。まず**「日本の伝統文化のよさ」**。「よさ＝すばらしい」は wonderful でも great でもなんでもよいが，ともかく「どのくらい日本の伝統文化がすばらしいかということ」のような **how を使った名詞節**でそれを表したい。同様に**「出自」**も難しい日本語だが，要するに自分のルーツ，つまり「どこから自分が来たかということ」と考えて**名詞節**で表せばよい。なお，出身を聞くときには Where do you come from? のように現在形を使う。

「ふだんは西洋式の生活様式をしているわれわれ」とあるが，この部分にもし関係詞を使うなら**非制限用法**だが，しかしそれよりいいのは「ふだんは…しているけれど」と考え，単純に but や though などの**逆接の接続詞**を使って書くのがお薦め（→ **p67**）。

07

バランスの取れた食事を取ることは特に難しくない。最も簡単な方法はできるだけ多くの異なった種類の食物を取り，１種類の食べ物を食べ過ぎるのを避けることである。

It is not particularly difficult to have a well-balanced diet. The easiest way is to eat as many kinds of food as possible, and to avoid eating too much of one kind of food.

○「特に難しい」の**「特に」**は無視してもよいだろうし，簡単に **very** でもよい。ここでは particularly を使ったが，その**位置**にだけ気をつけよう（→ **p.80**）。

○**「一番簡単なやり方は…すること」**という部分で，よく「…すること」を that 節を使って書いてしまう人がいる。そういう人は 136 頁を読み直し，**that 節と to 不定詞との違い**をもう一度よく確認してもらいたい。

○**「できるだけ多くの異なった種類の食物」**は **〈as ... as possible〉** を使えばよいが，その使い方には注意が必要だ（→ **p.104**）。

08

日本人は概して余暇の過ごし方があまり上手ではないと言われてきた。夏休みなども西欧諸国に比べるとお話にならないほど短い。働いているのが善であり，遊んでいるのは悪であると考えられてきた。

It has been said that Japanese people are poor at enjoying their vacations. Summer vacations are much shorter in Japan than (they are) in Western countries. Working has been regarded as good, and not working as bad.

○まず**「～と考えられる」**という部分は**「繰り上げ構文」**（→ **p.138**）を思い出そう。能動態で書けば **They say that** Japanese people are poor at ... だ。これを受け身にするときに，もともと目的語だった that 節を主語に（ただしそれを形式主語 it に置き換え），It is said that Japanese people are poor at ... とするか，この that 節中の主語である Japanese people を主語に繰り上げて，Japanese people are said to be poor at ... とするかどちらかだ。どちらでもよいが，**(×)** Japanese people are said that they are poor at ... のようにするのは間違い（→ **p.137**）。

○さらには **〈regard A as B〉** で「A を B と見なす」という熟語もある。これを使って，**「日本人は～と見なされる」**とするなら，Japanese people **are regarded as** poor at ... と書くこともできる。つまり「A は B と思われている」という日本語は合計３通りで表現できるわけだ。解答例の「働くことは善と見なされている」はこの形で書いた。それ以外の形にも書き換えてみよう。

○上に述べた少し難しい構文に振り回されて**時制**がおろそかになってはいけない。「昔からずっと思われてきた」と言いたいわけだから，**「継続」の現在完了形**を使う。受け身になってもそれは同じことだ（→ **p.130**）。

○**「日本の夏休みは欧米の夏休みより短い」**のところの**比較**もしっかり書こう。上の解答例では Summer vacations are short in Japan. という文を元にして比較の文を作った。別解を示しておこう。Japanese people's vacations are short. という文を元にして比較の文を作るなら，以下のようになる。

Japanese people's vacations are much shorter than Western people's (vacations) are.

英作文に役立つ！

語法文例 65

分詞・形容詞の語法を中心に

Lesson 59 で学んだ excite のような**感情を表す動詞**と，**そこから派生した分詞**や**形容詞**に関する語彙力を増強しよう。

□ 01 boring / bored

His lecture was really boring, and the audience all seemed bored.

「彼の講演は本当に退屈で，聴衆はみな退屈しているように見えた」

▶ bore はちょうど interest「（人［物］が人に）興味を持たせる」という意味の動詞の反対語で，**「（物が人を）退屈させる」**を表す。**「人を退屈させるような」**を表すのは boring，逆に**「退屈させられた（人）」**は bored で表す。

□ 02 impressive / impressed

The scenery of that country was really impressive.

「その国の風景は実に印象的だった」

▶ impress は**「（物が人に）印象を与える；感銘を与える」**という意味の動詞。しかし現在分詞（-ing 形）は使わずに impressive という**形容詞**が**「人に感銘を与えるような」**という意味で使われる。逆に「感銘を与えられた（人）」を表すのは過去分詞（p.p.）の impressed でよい。

□ 03 scary / scared

It is scary to walk alone in that area late at night.

「夜遅くあの界隈を１人で歩くのは怖い」

▶**「（物が人を）怖がらせる」**という動詞は threaten や scare など多くあるが，threaten の現在分詞が threatening で「人を怖がらせるような」という意味を表すのに対し，scare は現在分詞ではなく scary という**形容詞**を使う。逆に**「怖がらせられた（人）」**は，すべて過去分詞 threatened や scared でよい。

□ 04 annoying / annoyed

I was annoyed to hear him make excuses.

「彼が言い訳をするのを聞いて私はうんざりした」

▶ annoy は「(物が人を) うんざりさせる」。「(人を) うんざりさせるような」は現在分詞 annoying でもよいし，同じ語源から派生した**名詞 a nuisance** も使われ，It is a nuisance to have to cook every day.「毎日料理をしなければならないのはうんざりだ，面倒だ」のように使う。annoyed は「うんざりさせられた（人)」。

□ 05 irritating / irritated

It is irritating to be kept waiting for a long time.

「長時間待たされるのはイライラする」

▶ irritate は「(物が人を) イライラさせる」。**04** の annoy の同類語。irritating「(人を) イライラさせるような（もの)」，irritated「イライラさせられた（人)」。

□ 06 embarrassing / embarrassed

It is embarrassing to have to talk in front of many people.

「大勢の前で話さなければいけないのはドギマギする」

▶ embarrass は「(物が人を) ドギマギさせる；恥ずかしがらせる」。「恥ずかしい」を英語で表すときに be ashamed of ～を使おうとする受験生が多いが，これは友人を裏切るとか，不正を働く，のような「倫理的によくないことをしたことを恥じる」という意味。上の例文のように「人前で話すのが恥ずかしい」と言うときにはこの「ドギマギさせる」を表す embarrass を使うのがよい。現在分詞の embarrassing が「(人を) ドギマギさせるような（もの)」，過去分詞の embarrassed が「ドギマギさせられた」。

□ 07 depressing / depressed

The rainy season in Japan is really depressing.

「日本の梅雨は本当に憂うつだ」

▶ depress は「(物が人を) 憂うつにさせる」。現在分詞の depressing で「(人を) 憂うつにさせるような」，過去分詞の depressed が「憂うつにさせられた」。

□ 08 satisfactory・satisfying / satisfied

The test results were not satisfactory, so he has made up his mind to study harder.

「試験の結果が満足のいくものでなかったので，彼はこれからもっとがんばって勉強しようと心に決めた」

▶ satisfy は「(物が人を) 満足させる」。現在分詞の satisfying か，または**形容詞**の satisfactory が「(人を) 満足させるような」，過去分詞の satisfied が「満足させられた」。

□ 09 upsetting / upset

When the lights went off, everyone was upset.

「明かりが消えたとき，みな動揺した」

▶ upset は「（物が人を）動揺させる」。現在分詞 upsetting で「（人を）動揺させるような」，過去分詞 upset で「動揺させられた」。upset の活用は**無変化**なので，過去分詞も原形と同じ形であることに注意。

□ 10 a relief / relieved

It is a relief to take a long bath after a day's work.

「1 日の仕事のあとで長風呂に入るのはホッとする」

▶ relieve は「（物が人を）ホッとさせる」。「人をホッとさせるような」を表すのには**名詞** a relief を使う。「ホッとさせられた」は relieved。

□ 11 disappointing / disappointed

It was disappointing to hear that he would not come with us.

「彼がわれわれと一緒に来られないと聞いたのはがっかりだった」

▶ disappoint は「失望させる；がっかりさせる」。disappointing は「人をがっかりさせるような」，disappointed は「がっかりさせられた」。

□ 12 refreshing / refreshed

It is refreshing to take a cold shower when it is hot.

「暑いときには冷たいシャワーを浴びるとさっぱりする」

▶ refresh は「（物が人を）さっぱりさせる」。「人をさっぱりさせるような」は refreshing。「さっぱりさせられた」は refreshed。

□ 13 relaxing / relax（自動詞を能動で使う）

It is relaxing to walk in the woods.

「森の中を歩くのはくつろげる」

▶ relax を動詞で使うときには，ここに掲げている多くの動詞とは異なり，単純に**人を主語**にして**自動詞**として使い，I relax.「私はリラックスする」のように表す。つまり**受け身（過去分詞）を使わなくてよい**ということだ。しかし「**人をリラックスさせるような**」は relaxing を使う。

□ 14 worrying / worried

It was worrying that he didn't get back till late at night.

「彼が夜遅くまで戻らなかったのは心配なことだった」

▶ worry は **13** の relax 同様，**自動詞**として**「心配する」**の意味でも使えるし，ほかの感情を表す動詞同様，**他動詞**として**「(物が人を) 心配させる」**という意味でも使える。つまり「私は心配している」と言うときに，I am worrying. と言っても，I am worried. と言ってもよいということだ。worrying は**「人を心配させるような」**。

□ 15 pleasant / pleased

We had a pleasant time together.

「われわれは一緒に楽しい時を過ごした」

▶ please は**「(物が人を) 喜ばせる；楽しませる」**。**「人を楽しませるような」**は現在分詞ではなく**形容詞** pleasant を使う。pleasant **は文法問題でも頻出**だ。日本語にすると「楽しい」となることから，「楽しいひと時を過ごし，われわれは楽しかった」という下線部のどちらにも使えそうだが，あくまでも**「人を楽しませるような」**という意味での「楽しい」なので，**前者の英訳としてしか使えない**。後者には pleased を使う。またいずれにせよやや文語的かもしれない。これらは It is fun.「それは楽しい」とか，We had a great time.「すばらしいひと時を過ごした」など，ほかの表現に置き換えられる場合が多い。

動詞の語法を中心に

自動詞と勘違いしやすい他動詞，逆に**他動詞と勘違いしやすい自動詞**はよく語法問題としても出題されるが，そうした一問一答形式の語法問題における頻出問題と，英作文で使用頻度が高く注意が必要なものは少し異なるようだ。ここでは**英作文で間違いや混乱が目立つものを中心に**見ていくことにする。

□ 16 lack

He lacks common sense.

「彼は常識を欠いている」

▶ lack は**「～を欠く」**という意味を表す**他動詞**で上の例文のように使うが，lacking **「欠けている」**という**形容詞**もあり，**〈be lacking in ～〉「～の点で欠けている」**という熟語で使う。つまり上の例文を，He **is lacking in** common sense. と書いてもよいわけだ。どちらでもよいが両者を混同しないように。

□ 17 affect

Colors affect the way we feel.

「色は感情に影響を与える」

▶「**影響する**」を表す語（句）には，まず influence がある。**他動詞**で，He influenced me.「彼は私に影響を与えた」のように使う。また同じ綴りでそのまま**名詞**として，He has an influence on me.「彼は私に対して影響力を持つ」のようにも使える。どちらでもよいが両者を混同しないように。

▶同義語に affect がある。これも「**〜に影響を与える**」という意味の**他動詞**であり，上の例文のように使う。これの**名詞**は effect だ。名詞で使う influence と同じように〈have an effect on 〜〉の形で使う。**動詞**の affect と**名詞**の effect を混同しないように。また influence はふつう**よい意味での心理的な影響**について使い，affect / effect のほうは意味的に**ニュートラル**。

□ 18 emphasize

He emphasized the importance of health.

「彼は健康の重要性を強調した」

▶ emphasize は「**〜を強調する**」という意味の**他動詞**。**名詞**は emphasis で，こちらは〈put an emphasis on 〜〉「**〜の上に強調を置く**」というようにして使う。どちらでもよいが混同しないこと。

□ 19 object to

He objected to our plan.

「彼はわれわれの計画に異議を唱えた」

▶「反対する；異議を唱える」という表現はたくさんある。oppose もそうした意味を持つ動詞の1つで，「**〜に反対する**」という意味の**他動詞**。それに対し，上の例文の object は同義語だが，**自動詞**で〈object to 〜〉の形で使う。

▶ oppose の**形容詞**として opposed がある。これは〈be opposed to 〜〉「**〜に反対している**」の形で使う。つまり He opposed the plan. = He objected to the plan. = He was opposed to the plan. という関係になる。しっかり区別しよう。

□ 20 contact

With a cell phone, you can contact anyone wherever you are.

「携帯電話があれば，どこにいてもだれにでも連絡が取れる」

▶ communicate は**自動詞**で〈communicate with ＋人〉で「**人と意思疎通する**」，contact は**他動詞**で〈contact ＋人〉「**人に連絡を取る**」。受験生は使い方を混乱しがちだが，意味の上でも形の上でも対照的。

□ 21 follow

You must follow his advice.

「君は彼の忠告にしたがわなければいけない」

▶ **「したがう」**は obey か follow。obey は**「法律など強制力のあるものにしたがう」**というときに使い，follow は**「忠告など強制力のないものにしたがう」**という意味で使うとよい。**どちらも他動詞**であることに注意。

□ 22 face

We must face the problem of the global warming.

「われわれは地球温暖化の問題に立ち向かわなければいけない」

▶ face は**他動詞**で**「〜に立ち向かう」**。**形容詞**は faced で，〈be faced with 〜〉の形で**「〜に直面している」**。形や意味の面でも両者を混同しないように。動詞の face の類義語には tackle**「〜に取り組む」**があり，こちらも**他動詞**。

□ 23 get to

You can get to the station in ten minutes.

「10 分で駅に着けます」

▶ **「〜に到着する」**を表すのに，reach を使おうとする人が多いが，reach は**「困難を伴ってどこかにたどり着く」**という意味。reach the top of the mountain「山の頂上にたどり着く」のようなときに使うのはよいが，「駅に着く」のような場合は〈get to 〜〉のほうがよい。

SVO ＋前置詞＋名詞

〈pay ＋金額＋ for ＋物〉のように，**第 3 文型**なのだけれど，**後ろに特定の〈前置詞＋名詞〉を伴うもの**を中心に見ていくことにしよう。

□ 24 〈pay ＋金額＋ for ＋物〉

He paid more than one hundred thousand yen for that carpet.

「彼はそのじゅうたんに 10 万円以上払った」

▶ 〈pay ＋金額＋ for ＋物〉で**「物の代金として金額を払う」**。「じゅうたん代として 10 万円払う」ということは，じゅうたんと 10 万円を交換することだ。そこからこのような for は**「交換の for」**と呼ばれる。

□ 25 〈buy ＋物＋ for ＋金額〉

He bought the digital camera for twenty thousand yen.

「彼はそのデジタルカメラを２万円で買った」

▶〈buy ＋物＋ for ＋金額〉で**「その金額で物を買う」**。当然これも**「交換の for」**。「売る」の sell も同じ語法で〈sell ＋物＋ for ＋金額〉。

□ 26 〈exchange A for B 〉

Could you exchange this for a new one?

「これを新品と交換してくれませんか」

▶〈exchange A for B 〉で**「A を B と交換する」**。これも**「交換の for」**。

□ 27 〈take A for B 〉

I talked to a person I didn't know, because I took him for someone else.

「ほかの人と勘違いして私は見知らぬ人に話しかけてしまった」

▶〈take A for B〉または〈mistake A for B〉で**「A を B と勘違いする」**。これも**「交換の for」**を使った熟語だ。

□ 28 〈praise ＋人＋ for ... 〉

His parents praised him for getting a perfect score on the exam.

「彼の両親はその試験で彼が満点を取ったのでほめた」

▶賞罰動詞などと呼ばれる，**「ほめる」**，**「罰する」**のような意味の動詞は，そのほめたり，罰したりする**理由**を for を使って表す。この〈praise ＋人＋ for ... 〉も**「…したので人をほめる」**だが，ほかにも，〈thank ＋人＋ for ... 〉**「…したことで人に感謝する」**，〈scold ＋人＋ for ... 〉**「…したことで人をしかる」**，〈blame ＋人＋ for ... 〉**「…したことで人を非難する」**，〈punish ＋人＋ for ... 〉**「…したことで人を罰する」**，〈fine ＋人＋ for ... 〉**「…したことに対し人に罰金を課す」**，〈excuse ＋人＋ for ... 〉**「…したことに対し人を許す」**などがある。

□ 29 〈apologize to ＋人＋ for ... 〉

He apologized to me for not having told the truth.

「彼は私に本当のことを言わなかったことを謝った」

▶〈apologize to ＋人＋ for ... 〉で**「…したことで人に謝る」**。この apologize も賞罰動詞として上に掲げた一連の動詞と同じように for と一緒に使うが，apologize だけはほかのものと異なり**自動詞**であり，「人」の前に to が必要。語法問題頻出。

□ 30 〈congratulate ＋人＋ on ... 〉

Congratulations on passing the exam.

「試験合格おめでとう」

▶賞罰動詞には例外，つまり for 以外の前置詞を使うものも少数ながらあり，それらも重要。2つだけ覚えておこう。1つは〈accuse ＋人＋ of ... 〉で**「…したことで人を非難する，訴える」**，もう1つは〈congratulate ＋人＋ on ... 〉で**「…したことで人を祝う」**である。上の例文は名詞 congratulations（「おめでとう」の意味では慣用的に複数形を使う）だが，同じように on が使われている。

□ 31 〈keep ＋人＋ from -ing 形〉

His mother tried to keep him from eating too much.

「彼の母親は彼が食べ過ぎないようにさせようとした」

▶〈keep ＋人＋ from -ing 形〉で**「人が…するのを妨げる」**。同義語に〈prevent ＋人＋ from -ing 形〉や〈hinder ＋人＋ from -ing 形〉などがある。from はこのように**「否定」**を表す。

□ 32 〈prohibit ＋人＋ from -ing 形〉

They prohibited her from going out.

「彼らは彼女が外出するのを禁じた」

▶〈prohibit ＋人＋ from -ing 形〉で**「人が…するのを禁じる」**。同義語に〈ban ＋人＋ from -ing 形〉などがある。これももちろん**「否定の from」**である。

□ 33 〈discourage ＋人＋ from -ing 形〉

He tried to discourage her from buying a new dress.

「彼は彼女が新しいドレスを買うのを思いとどまらせようとした」

▶〈discourage ＋人＋ from -ing 形〉で**「人が…しないよう説得する」**。courage は「勇気」。〈encourage ＋人＋ to do〉で**「人が…するよう勇気づける」**。discourage はその反対語で，上の例文のように**「否定の from」**を伴って使う。

□ 34 〈talk ＋人＋ out of -ing 形〉

She talked him out of buying a new car.

「彼女は彼が新車を買うのを思いとどまらせた」

▶〈talk ＋人＋ out of -ing 形〉で**「人が…しないように説得する」**。まず talk にはもちろん**「話す」**という意味があり，その意味では**自動詞**（〈talk to ＋人〉，〈talk about ＋物〉のように**前置詞**が必要）だが，もう1つ**「説得する」**という意味があり，この意味では**他動詞**ということに注意。

▶さらに「**人が…するように説得する**」は〈**talk＋人＋into -ing形**〉。同じような意味の tell が〈**tell＋人＋to do**〉「**人が…するように言う**」と to 不定詞を伴うのと対照的に **into** という前置詞を伴って使われることに特徴がある。

また，上の例文の「**人が…しないように説得する**」も，into の反対語である **out of** を伴って使うことで表現する点も，「否定の from」を伴って使われる多くの動詞と比べると例外的で，その分，重要だ。

□ 35 〈remind＋人＋of＋物〉

This picture always reminds me of my hometown.

「この写真がいつも私に故郷を思い出させる」

▶〈remind＋人＋of＋物〉で「**人に物を思い出させる**」。remind は remember とは意味的にちょうど逆で，「人が思い出す」ではなく，上の例文のように**物を主語**にして使い，「**人に思い出させる**」という意味。さらに **of** を伴って使うところに特徴がある。of には think of it「それについて考える」のように，about と同じ「**〜について**」という意味があり，**remind** も同様に of を伴い，「〜について人に思い出させる」のように使われる。伝達や告知を表すような動詞には，しばしばこの of を伴って使われるものがある。

□ 36 〈inform＋人＋of＋物〉

They didn't inform us of the time of their arrival.

「彼らは到着時間をわれわれに知らせてこなかった」

▶〈inform＋人＋of＋物〉で「**物について人に知らせる**」。これも「**伝達・告知の of**」を用いた熟語である。かなりよく知られた熟語で，受験生の英作文の答案に過度に使われる傾向があるようだ。**事務的な連絡に使う表現**なので，たとえば「夫が妻に今日は帰りが遅くなると伝える」などのときには，inform ではなく **tell** を使い，He **told** her that he would get home later than usual. のように書くことが好ましい。

□ 37 〈warn＋人＋of＋物〉

I was not warned of the danger of the operation.

「私はその手術の危険性について警告されていなかった」

▶〈warn＋人＋of＋物〉で「**物について人に警告する**」。これも「**伝達・告知の of**」だ。上の例文は**受け身**であることに注意。またこれまでいくつか挙げた「伝達・告知の of」を伴って使われる熟語は，非常にしばしば of の代わりに **that 節**を伴って使われることにも留意したい。

□ 38 〈rob＋人＋of＋物〉

Someone robbed me of my wallet.

「だれかが私の財布を盗んだ」

▶ 〈rob ＋人＋ of ＋物〉で**「人から物を奪う」**。この of は**「分離の of」**と呼ばれ，ちょっと難しいが，日本語にすれば**「〜を取り除くことによって」**という意味を表す。上の例文も「財布を取り除くことによって」というのが of my wallet の意味である。そして rob はいわば「丸裸にする」という感じで使われていると考えてもらいたい。「財布を取り除くことによって私を丸裸にする＝私から財布を奪う」というわけだ。したがって類義語の steal とは異なり，「財布を盗んだ」という日本語とは裏腹に**財布を目的語にせず，me「私」のほうが目的語**になっていることに注意したい。

□ 39 〈provide ＋人＋ with ＋物〉

We must provide the refugees with food, clothing and shelter as soon as possible.

「難民たちに一刻も早く衣食住を供給しなければならない」

▶ 〈provide ＋人＋ with ＋物〉で**「人に物を供給する」**。「与える」という意味の動詞には give him money のように**第 4 文型**を取るものと，この provide のように **with** を必要とするものと 2 種類あると考えるとよい。provide は「満たす」という感じで，〈with 〜〉は「〜を使って」という感じで使われていると考えてもらえばよい。つまり上の例文も，「衣食住を使って難民を満たす＝難民に衣食住を供給する」といった具合だ。provide と同義語の supply も〈**supply ＋人＋ with ＋物**〉で「人に物を供給する」。また 208 頁に **cram** も同じ語法の動詞として掲げておいたので参照のこと。動詞の語法以外に上の例文では「衣食住」という表現に注意。

□ 40 〈equip ＋場所＋ with ＋物〉

These days most cars are equipped with a car navigation system.

「最近はたいていの車にカーナビが備わっている」

▶ 〈equip ＋場所＋ with ＋物〉で，**「場所に物を備え付ける」**。これも同じように「物を使って場所を満たす」という感覚で使っていると考えればよい。上の例文は**受け身**だが，能動で書けば equip most cars with a car navigation system「カーナビで車を満たす＝車にカーナビを備え付ける」。上の例文はこれが受け身になっている。

□ 41 〈translate A into B〉

Could you translate the letter into English?

「この手紙を英語に翻訳してくれませんか」

▶ 〈translate A into B〉で**「A を B に翻訳する」**。put を使って〈put A into B〉としても同じ。この into は**「変化の結果を表す into」**と呼ばれる。たとえば〈change A into B〉で**「A を B に変える」**，〈divide A into B〉で**「A を B に分ける」**など。

□ 42 〈regard A as B〉

Most Japanese people regard working as a good thing.

「大部分の日本人は働くことをよいことだと思っている」

▶〈regard A as B〉で「**A を B と見なす**」。regard のほかに，〈see A as B〉，〈view A as B〉，〈look on A as B〉，〈think of A as B〉などとしても同じ。第5文型や that 節を取る think や believe や find などとは対照的に，これらは as「～として」という前置詞を必要とするところが重要だ。

□ 43 〈describe A as B〉

People often describe hamburgers as junk food.

「人々はしばしばハンバーガーをジャンクフードだと言う」

▶〈describe A as B〉で「**A が B だと言う**」。describe「描写する」と as「～として」との組み合わせで「ジャンクフードとしてハンバーガーを描写する」ということ。これも **42** 同様，「～として」の as を伴う熟語だ。

第 5 文型動詞

第5文型の文では，SVOC の **O と C の間に〈主語 ― 述語〉の関係**がある。例えば，I think it easy. では it と easy の間に「これが簡単だ」という〈主語 ― 述語〉の関係があり，I made him study. では「彼が勉強する」という〈主語 ― 述語〉の関係がある。特に後者のように **C に動詞がくる場合の動詞の形に留意して学んでいこう。**

□ 44 〈使役動詞 make ＋目的語＋動詞の原形〉

His father made him go to school against his will.

彼の父親は彼の意志に反して彼を学校に行かせた。

▶ make，have，let は**使役動詞**として使うことができる。使役動詞は第5文型 SVOC の中でも **O と C の関係が能動**の関係（「彼が学校に行く」という関係）の場合には **C に動詞の原形**を使う（上の例文では go の部分）のがルールだ。

□ 45 〈使役動詞 have ＋目的語＋過去分詞〉

It cost him more than one hundred thousand yen to have his car repaired.

「彼は車の修理に 10 万円以上かかった」

▶この have も**使役動詞**だが，**44** の make は主に「本人の意志に反して人に無理矢理…させる」という意味で使うのに対し，have は「**店員や目下の者に（無理矢理ではなく）…させる**」の意味で使う。また使役動詞は O と C の関係が**受け身**になる場合（「車が修理される」）は，**C** は原則として**過去分詞**にするのがルールだ。

□ 46 〈使役動詞 let ＋目的語＋動詞の原形〉

If there is a problem, let me know.

「もし問題があったら知らせてください」

▶ let も**使役動詞**だ。上の例文のように命令文でよく使われる。Let me look at this.「私がそれを見るのを許せ＝見せてくれ」となるのと同様に，Let me know your address.「私があなたの住所を知るのを許せ＝教えてくれ」となるわけだ。上の例文では know の目的語がなくて「何を？」と感じるかもしれないが，この let me know は**「連絡をする；知らせる」**という意味の熟語的な表現。

□ 47 〈tell ＋人＋ to do〉

The doctor told him to stop smoking.

「医者は彼がたばこをやめるようにと言った」

▶〈tell ＋人＋ to do〉で**「人が…するよう言う；命じる」**。使役動詞の make とは異なり tell は C のところに **to 不定詞**がくることに特徴がある。このように使役動詞と同様に「人に…させる」という意味を持つのだが，使役動詞とは異なり，C に to 不定詞がくる一群の動詞がある。便宜上〈tell ＋人＋ to do〉**型**と呼んでおく。

□ 48 〈ask ＋人＋ to do〉

She asked her mother to come to the station to pick her up.

「彼女は母親が迎えに駅まで車で来てくれるよう頼んだ」

▶ ask も〈tell ＋人＋ to do〉型の動詞の代表選手で，〈ask ＋人＋ to do〉で**「人が…するよう頼む」**。意味的には使役動詞の have との違いに注意。**45** に挙げた have「…させる」は**主に目下の者**に使い，**目上の人**には ask**「…するよう頼む」**を使う。

□ 49 〈require ＋人＋ to do〉

The school regulations require the students to wear the uniform.

「校則が学生たちが制服を着るよう要求している（校則により学生たちは制服を着なければいけない）」

▶さらに英作文でよく使う〈tell ＋人＋ to do〉型の動詞を確認しておこう。〈require ＋人＋ to do〉は**「人が…するよう要求する」**。「（規則が・法律が）…するよう要求する」のような，**無生物主語**の形で出題されることが多い。

□ 50 〈oblige ＋人＋ to do〉

Urgent business obliged him to go to London.

「緊急の仕事が彼がロンドンに行くことを余儀なくさせた」

▶〈oblige ＋人＋ to do〉は**「人が…するよう強いる；余儀なくさせる」**。これも**無生物主語**の文の中でよく使われる。

□ 51 〈enable ＋人＋ to do〉

The new subway has enabled me to get to work in thirty minutes.

「新しい地下鉄が私が 30 分で職場に着くのを可能にしてくれた。(新しい地下鉄のおかげで職場に 30 分で着けるようになった)」

▶〈enable ＋人＋ to do〉は **「人が…するのを可能にする」**。これも **無生物主語** の文でよく使われる。また，work は **無冠詞** で使って **「職場」** を表す便利な単語だ。leave for work「職場に向けて出かける」，get to work「職場に着く」，be at work「職場にいる」，leave work「職場を出る」など。

□ 52 〈allow ＋人＋ to do〉

His father didn't allow him to study abroad.

「彼の父は彼が留学するのを許してくれなかった」

▶〈allow ＋人＋ to do〉は **「人が…するのを許す」**。意味的には使役動詞 let とほぼ同じと考えてよいが，こちらは **to 不定詞** を取る。

□ 53 〈remind ＋人＋ to do〉

Could you remind me to go to the dentist?

「歯医者に行くことを思い出すように言ってくれませんか」

▶〈remind ＋人＋ of ＋物〉で **「人に物を思い出させる」**(→ p.190)のほかに，〈remind ＋人＋ to do〉もある。**「人に…するよう思い出させる」** である。

□ 54 〈urge ＋人＋ to do〉

The shareholders urged the president to resign.

「株主たちは社長が辞任するように迫った」

▶〈urge ＋人＋ to do〉で **「人が…するようせきたてる」**。〈prompt ＋人＋ to do〉など同義語は多い。

□ 55 〈encourage ＋人＋ to do〉

The doctor encouraged him to take up jogging.

「医者は彼がジョギングを始めるよう励ました」

▶〈encourage ＋人＋ to do〉で **「人が…するよう励ます」**。〈advise ＋人＋ to do〉や〈invite ＋人＋ to do〉など，同義語は多い。

□ 56 〈suggest that S ＋動詞の原形〉

The teacher suggested that he study another language in addition to English.

「先生は彼に英語以外にほかの言葉を学んではどうかと提案した」

▶ずっと見てきたように**「〜に…させる」**という意味の動詞は〈tell ＋人＋ to do〉型の第５文型を取るものが多い。しかしときどき例外もある。そうした例外まで同じ形で使わないように気をつけたい。

▶具体的には**「提案する」**を表す suggest と propose，さらに**「薦める」**を表す recommend である。意味的に考えると「人が…するように薦める」なので，今まで挙げたほかの動詞と同様〈suggest ＋人＋ to do〉の形で使えそうに思えるが，suggest, propose, recommend は上の例文のように **that 節を目的語**に取る。さらにその that **節の中**では，**動詞は原形**を使う，というのも大切だ。

□ 57 〈知覚動詞 see ＋目的語＋動詞の原形〉

When I was walking on the street the other day, I happened to see a woman trip and fall to the ground.

「先日通りを歩いているとき，たまたま１人の女性がつまずいて転ぶのを見かけた」

▶「見る・聞く・感じる」を表す単語はほとんど**知覚動詞**として使える。具体的には see, watch, look at, hear, listen to, feel などだ。知覚動詞は **O と C の関係が能動**の場合は C に**動詞の原形**か**現在分詞**を用いる。上の例文の「転ぶのを見る」のように短い，１回きりの出来事を見たり聞いたりするときには**動詞の原形**を用い，**「…するのが見える」**を表す。**58** の例文と比較してほしい。

□ 58 〈知覚動詞 see ＋目的語＋ -ing 形〉

When I turned back, I saw him waving.

「振り返ると彼が手を振っているのが見えた」

▶ **57** と同じように**知覚動詞**を使った例文だが，**57** とは異なり C に**現在分詞**（-ing 形）が使われているのがわかる。ここでは「…しているのが見える」という意味で，このようにある程度長い，または繰り返される行為を途中から見聞きする場合は**現在分詞**を使う。

□ 59 〈知覚動詞 hear ＋目的語＋ p.p.〉

When I was leaving, I heard my name called.

「立ち去ろうとしていたとき自分の名前が呼ばれるのが聞こえた」

▶同じ**知覚動詞**でも **O と C の関係が受け身**（「名前が呼ばれる」のように）のときは C に**過去分詞**（p.p.）か〈being p.p.〉を使う。過去分詞のときは**「…されるのが見える；聞こえる」**という意味。１回きりの短い行為に関して使う。**60** と比較のこと。

□ 60 〈知覚動詞 see ＋目的語＋ being p.p.〉

I was sad when I saw my elementary school being torn down.

「自分の小学校が取り壊されつつあるのを見て私は悲しかった」

▶知覚動詞でCに〈being p.p.〉が使われるときは「…**されている**のが見える；聞こえる」。ある程度長い，または繰り返される行為を途中から見たり聞いたりするときにこの形を使う。知覚動詞の使い方に関しては **57** ～ **60** を比較のこと。

□ 61 〈keep ＋目的語＋ -ing 形〉

I am sorry I kept you waiting so long.

「こんなに長くお待たせしてすみません」

▶第5文型の中でも **O と C の関係が能動**になるときに**C**に**現在分詞**のみ用いることができる動詞がいくつかある。代表例は keep「**…し続けさせる**」である。便宜上「keep 型」と呼ぼう。「放っておく」の leave などもこのタイプだ。

□ 62 〈keep ＋目的語＋ p.p.〉

He kept the windows closed while he was out.

「彼は外出中，窓を閉めておいた」

▶ keep でも **O と C の関係が受け身**（「窓が閉じられている」）のときは **C** は**過去分詞**。

□ 63 〈smell ＋目的語＋ -ing 形〉

When I opened the kitchen door, I smelled something burning.

「キッチンのドアを開けたとき，何かが燃えているにおいがした」

▶ smell「（においに）気づく」は keep 型の動詞。ここは **O と C が能動の関係**。

□ 64 〈notice ＋目的語＋ -ing 形〉

I noticed someone following me.

「だれかが私のあとをつけてきているのに私は気づいた」

▶ notice は「**目で見て気づく**」こと。smell 同様，keep 型の動詞。ときどき **C** に動詞の原形を用いると書いてある参考書などがあるが，**現在分詞**を用いるのがよい。

□ 65 〈catch ＋目的語＋ -ing 形〉

He was caught cheating on an exam, and was suspended from school.

「彼は試験でカンニングをしているのを見つけられ，停学になった」

▶ catch は「**（悪いことをしているのを）見つける**」の意味では keep 型で，上の例文は**受け身**。suspend は「中断する」だが，「学校から中断させられる＝停学になる」。

英作文に役立つ！

テーマ別文例 90

気候・自然現象

□ 01 天気予報 / 天気がよい

The weather forecast says it will be nice tomorrow.

「天気予報によると明日は晴れだ」

▶ forecast は**「予報する」**という**動詞**としても使えるし，**「予報」**という**名詞**としても使える。ここではもちろん名詞。**「天気がよい」**は It is fine today. という言い方を習ったことがあるかもしれないが，やや古めかしく，今どきは「天気がよい」ことを表す形容詞としては nice がふつう。

□ 02 どしゃ降りになる / 雨が止む

As soon as we left, it began to pour, but soon it cleared up.

「われわれが出発するやいなやどしゃ降りになったが，すぐに晴れ上がった」

▶ pour は**「雨が激しく降る」**という動詞。It is raining heavily. = It is pouring. だ。clear up [let up] は**「雨が止む；晴れる」**という意味の熟語。

□ 03 にわか雨にあう / びしょぬれになる

I was caught in a shower on my way home and got soaked.

「家に帰る途中にわか雨にあい，びしょぬれになった」

▶ be caught in a shower で**「にわか雨にあう」**。soak は**「浸す」**。受け身で get soaked「浸される」とすることによって，**「びしょぬれになる」**を表す。

□ 04 大地震が直撃する

I heard on TV that a big earthquake hit the northern part of Italy.

「テレビで，大地震がイタリア北部を直撃したと聞いた」

▶「地震が起こる」「事故が起こる」「火事が起こる」などいろいろな「起こる」を表すのに一番便利なのは単純に there is 構文を使うことだ。また地震や台風などの災害が「場所を直撃する」という場合に，この例文のように hit もよく使う。

□ 05 連続して / 浸水する

It rained for a week on end and some houses on the river were flooded.

「１週間連続して雨が降り続き，川沿いの何軒かの家は浸水した」

▶ flood は「洪水」という名詞，また「浸水させる；氾濫させる」という動詞として使える。受け身で「浸水する；氾濫する」。on end は「連続して」。

□ 06 地震を予測する

It is still impossible to predict earthquakes.

「地震を予測するのはまだ不可能だ」

▶ 日本語でも天気は「予報する」ものだが，地震は「予測する」ものだ。英語でも同じで，forecast the weather「天気を予報する」に対し，predict earthquakes「地震を予測する」と言う。**01** と比較のこと。

□ 07 干ばつ

Because of a dry spell, there is a serious water shortage in western Japan.

「干ばつのため西日本では深刻な水不足が生じている」

▶「日照り；干ばつ」は a dry spell。spell は「期間」という意味の名詞で，「乾いた期間」が a dry spell だ。

□ 08 高温多湿

Summer is hot and humid in Japan.

「日本では夏は高温多湿だ」

▶「湿度の高い」という形容詞は humid。hot and humid「高温多湿」のセットでよく使われる。

□ 09 火山 / 噴火する

There are a lot of volcanoes in Japan, and occasionally some of them erupt and cause damage to the surrounding areas.

「日本にはたくさんの火山があり，ときにそれらのうちのいくつかが噴火して近隣地域に被害をもたらす」

▶「火山」は a volcano。「噴火する」は erupt，名詞は eruption。このような単語は知らないとどうしようもないのでしっかり記憶しておこう。

□ 10 自然災害

There is no preventing natural disasters.

「自然災害を防ぐのは不可能だ」

▶〈there is no -ing〉は「…するのは不可能だ」を表す。a natural disaster は「自然災害」。ここではいろいろな自然災害について一般論として述べているので natural disasters と複数形にしてある。

交通・旅行

□ 11 （電車などに）乗る / ～から…まで

I took the Yamanote Line from Ikebukuro to Shinjuku.

「私は池袋から新宿まで山手線に乗った」

▶「利用する」という意味での「乗る」は take がよい。from ～ to ...「～から…まで」という前置詞とともに使うことからわかるように，take は電車などに乗り，降りるところまでをすべてを指す動詞だ。

□ 12 （電車などに）乗り込む / ～にぶつかる

When I was getting on the train, someone bumped into me.

「電車に乗ろうと思ったときに，だれかが私にぶつかってきた」

▶ take とは異なり，「乗り込む」という意味での「乗る」は get on を使う。bump into ～で「～にぶつかる」。

□ 13 （電車などから）降りる / 乗り換える

You have to get off at the next station and change to the Chuo Line.

「次の駅で降りて中央線に乗り換えなければなりません」

▶「（電車などから）降りる」は get off を使う。スイッチ・オン，スイッチ・オフと同様，英語ではいつでも on の逆は off なのだ。get on の逆も get off と覚えるとわかりやすい。「乗り換える」は単純に change でよい。

□ 14 遅れた

Because of the heavy rain, our train was delayed.

「その大雨のせいでわれわれの電車が遅れた」

▶ delay は「遅れる」ではなく「（雨や雪などが電車などを）遅らせる」という意味の動詞だ。したがって電車を主語にして「遅れた」と言うときには受け身 be delayed「遅れさせられた」にする必要がある。注意すべき語法だ。

□ 15 運休になる

Because of strong winds, our flight was canceled.

「強風のせいでわれわれの飛行機は運休になった」

▶「運休にする」は cancel。当然これも受け身で使う。

□ 16 ～まで飛行機で行く

I have to fly to Osaka tomorrow.

「明日，飛行機で大阪まで行かなければならない」

▶ 日本語でも飛行機でどこかへ行くことを「～に飛ぶ」と言うように，英語でも fly to ～で，**「～まで飛行機で行く」**ことを簡単に表せる。

□ 17 ～まで車で行く

It takes only three hours to drive from Tokyo to Niigata.

「東京から新潟まで車で行くのにたった 3 時間しかかからない」

▶ **16** と同様，**「～まで車で行く」**は drive to ～でよい（上の例文では drive from ～ to …「～から…まで車で行く」の形）。交通機関を表すのは by car や by airplane のような形を使うと思いこんでいる人が多いが，**16** や **17** のような書き方をすると便利だ。**「～まで自転車で行く」**も bike to ～でよい。

□ 18 ～まで電車で行く

He took a train to Osaka to attend the conference.

「彼は会議に出席するために大阪まで電車で行った」

▶ **16**，**17** と同様に**「～まで電車で行く」**は take a train to ～で表すのがよい。「～までバスで行く」も take a bus to ～だ。

□ 19 すし詰め状態の

In the Tokyo metropolitan area, the trains are jam-packed during the morning and evening rush hours.

「首都圏では朝夕のラッシュ時には電車はすし詰め状態だ」

▶ **「（ふつうに）混んでいる」**のを表すのは crowded。それに対し，**「すし詰め状態の」**を表す形容詞は jam-packed。**「首都圏」**は the Tokyo metropolitan area。

□ 20 ～まで車で人を迎えに行く

Could you come to pick me up at the station?

「駅まで車で迎えに来てくれませんか」

▶ pick ～ up は**「～を拾う」**という意味の熟語だが，道に落ちている 10 円玉を文字通り「拾う」という意味で使う以外に，主に**「車で人を拾う；迎えに行く」**の意味でも使う。ただしそのあとの前置詞に注意。「駅まで迎えに行く」という日本語から（×）pick me up to the station としないこと。駅までずっと迎えながら行くわけではない。「駅で」人を迎えるのだ。

□ 21 〜まで人を見送る

He was kind enough to see me off at Narita Airport.

「彼は親切にも成田空港まで見送ってくれた」

▶ see 〜 off は **20** とは逆に**「人を見送る」**。これもその次にくる前置詞に注意。「〜まで見送る」という日本語から（×）see me off to the station などとしないように。「〜で見送る」のだ。前置詞は at が正しい。

□ 22 〜を出発して…に向かう

He is leaving London for Paris tomorrow morning.

「彼は明日の朝，ロンドンを発ち，パリに向かう予定だ」

▶**「出発する」**は leave で表すのが一番よい。**自動詞**として使うこともできるし（He called me when I was leaving.「出ようと思っていたときに彼から電話がきた」のように），**他動詞**で〈leave ＋場所〉**「〜を出発する」**のように使うこともできる。さらには〈leave for ＋場所〉とすれば，**「〜に向けて出発する」**となる。また，その2つをあわせて，この例文のように〈leave A for B〉とすれば**「A から B に向けて旅立つ」**ということも表せ，なかなか便利だ。

□ 23 休みを取る / 〜に旅行する

He took a week off and took a trip to Hokkaido.

「彼は 1 週間の休みを取って，北海道に旅行に行った」

▶まず**「休暇を取る」**のは〈take ＋日数＋ off〉。この「日数」のところに，たとえば a day を入れて take a day off とすれば「1 日休みを取る」，take three days off とすれば「3 日間休みを取る」というようになる。

▶**「旅行する」**に関して，travel は**名詞**でも**動詞**でも使えるが，trip は**名詞**としてしか使えないことに注意。つまり（○）I traveled to Osaka. はよいが（×）I tripped to Osaka. はダメということだ。どうしても trip を使いたいときは〈take a trip to ＋場所〉という形で使う。

□ 24 〜へ観光に行く

He went sightseeing in Kyoto with his wife last summer.

「彼は去年の夏，妻と一緒に京都へ観光旅行に行った」

▶**「観光に行く」**は go sightseeing だが，問題はそのあとの前置詞だ。日本語の「〜へ観光に行く」につられて〈go sightseeing to ＋場所〉としてしまいがちだが，「〜で観光をするために出かける」と考えて，地名を表すときの in を使う。〈go -ing〉には一般に同じような問題がある。「江ノ島に泳ぎに行く」も go swimming in Enoshima。

□ 25 通勤する

He is tired from commuting a long distance every day.

「彼は毎日長距離通勤するのに疲れている」

▶**「通勤する；通学する」**は commute。日本語のように通勤，通学の区別はないが，あえて区別したければ，**「通学する」**は commute to school，**「通勤する」**は commute to work。work は無冠詞で「職場」を表す。

□ 26 交通の便がよい

He is looking for an apartment near public transportation.

「彼は交通の便のよいアパートを探している」

▶**「公共輸送機関」**は public transportation。駅などに近いということを**「交通の便がよい」「足の便がよい」**などと言うが，これは near public transportation「公共輸送機関に近い」とすればよい。

□ 27 〜から歩いて５分

He lives within a five-minute walk of Shinagawa Station.

「彼は品川駅から歩いて５分のところに住んでいる」

▶**「〜から…以内」**は〈within ... of 〜〉で表す。日本語で考えると，「〜から」は from のように思えるが，**within は of と組み合わせる**のが語法だ。また，この例文では「５分の歩行以内」となっているが，**five-minute で１つの形容詞**として walk「歩行」を修飾している点に注意。**形容詞の役割をする**このような**数詞は単数**で書く。（×）five-minutes と書くのは間違いということだ。それと **a** を忘れずに。「〜から車で５分」なら within a five-minute drive of 〜，「〜からバスで５分」なら within a five-minute bus ride of 〜だ。

□ 28 交通渋滞

There were traffic jams, so I could not get there in time.

「交通渋滞が何か所もあったので，私は時間内に間に合うようにそこに到着できなかった」

▶**「交通渋滞」**は a traffic jam。**可算名詞**ということからわかるように，１か所混んでいるのが a traffic jam だ。１か所だけ混んでいるというのも不自然なので，この例文のような場合には**複数形**で使うほうが自然だ。

□ 29 交通量が多い

The traffic was heavy, so I was late for the meeting.

「交通量が多かったので，私は会議に遅刻した」

▶ 渋滞の箇所を表す a traffic jam とは対照的に，**the traffic** は**「交通量」**。1か所混んでいることではなく，**「全般に交通量が多いこと」**を表すのが，**The traffic is heavy.** である。この2つの表現を一緒にして，（×）There was a heavy traffic jam. のように書く人がいるが，間違い。

□ 30 視野を広げる

By traveling abroad, you can broaden your mind.

「海外旅行をすることで視野を広げることができる」

▶**「視野を広げる」**は **broaden one's mind**。

健康・身体

□ 31 健康を維持する

What do you think is the best way to stay healthy?

「健康を維持する一番のやり方は何だと思いますか」

▶**「健康を維持する」**は **stay healthy** がよい。日本語では「健康」というように名詞を使うが，英語では **healthy「健康な」**という**形容詞**を第2文型で使い（stay は keep や remain のように「…のままでいる」という意味で使われている），**「健康なままでいる」**とするところがポイント。

□ 32 運動する

To stay healthy, you should get a little more exercise.

「健康でいるためには，もう少し運動をするべきだ」

▶ **exercise** は**「運動」**という**不可算名詞**として，また**「運動する」**という**動詞**としても使える。名詞として使う場合は，ふつう get と組み合わせて，**get exercise** で**「運動する」**。「運動する」に関連して，ほかにいくつか覚えておくとよい表現がある。1つは「適度に運動する」get moderate exercise。もう1つは「定期的に運動する」get exercise regularly。

□ 33 適度な運動 / 夜のじゅうぶんな睡眠 / バランスの取れた食生活

Moderate exercise, a good night's sleep, and a well-balanced diet are essential to your health.

「適度の運動，夜の十分な睡眠，バランスのとれた食生活は健康に必要不可欠だ」

▶ 主語になっている**「適度な運動」**，**「夜の十分な睡眠」**，**「バランスの取れた食生活」**という表現は**最頻出**なのでそのまま覚えることが好ましい。「ダイエット」はやせることを指したりするが，英語の diet はふつう**「食習慣」**を指す。よく a well-balanced food とする人がいるが，これではダメで **diet** という単語を使う。なぜなら，food は言うなれば一品ごとの食品を指すからだ。たとえ１つ１つの食品がたんぱく質や炭水化物ばかりでも，食生活全体でバランスが取れるとよいわけだから，このようなときは diet を使う。

□ 34 顔色がよい / 病院へ行く

You don't look very well. You should go to the doctor.

「あまり顔色がよくないね。病院に行ったほうがいい」

▶ **well** は副詞で「上手に」という意味を持つが，**形容詞**では**「健康な；病気でない」**という意味にもなる。したがって **get well** は**「健康になる（＝病気が治る）」**，**look well** は**「健康に見える（＝顔色がよい）」**となる。

▶ 日本語ではよく「病院に行く」と言い，英語にも go to the hospital という表現があるが，海外では hospital は一般に大規模な病院を指し，日本とは異なり，重病にかかったとき以外は開業医のところに行くのが一般的。したがって**「病院に行く」**と言うときは **go to the doctor** がふつう。

□ 35 風邪を引く / お大事に

I seem to have caught a cold. —— That's too bad. Take care of yourself.

「風邪を引いたみたいだ」――「それはお気の毒様。お大事に」

▶ **「風邪を引く」**は **catch a cold**。**take care of ～**は**「～の世話をする」**。したがって **take care of yourself** とすると「自分の世話をしなさい」ということになり，ちょうど日本語の**「お大事に」**に相当する表現になる。

□ 36 肺がんにかかる

Smokers are more likely to get lung cancer than non-smokers are.

「喫煙者は非喫煙者より肺がんにかかる可能性が高い」

▶ **35** で述べたように「風邪を引く」は catch a cold のように catch を使うが，これは例外的で，ふつう**「病気にかかる」**ことを表す動詞は **get** を使う。**get cancer** で**「がんにかかる」**だ。なお，**病名は無冠詞が原則**と思ってよい。

□ 37 インフルエンザにかかる / 3 キロほどやせる

He got the flu and stayed in bed for a week and lost about three kilos.

「彼はインフルエンザにかかり，１週間床に伏して，体重も３キロほどやせた」

▶「インフルエンザにかかる」を表す動詞も **get** を使う。**「インフルエンザ」**は，ふつう the flu のように省略して書く。もともと「影響力」を意味する普通名詞 influence からきたこともあり，これだけは病名の中で例外的に定冠詞 the を付けて使うことに注意。また**「太る」**は put on weight，逆に**「やせる」**は lose weight と言うが，具体的に**「1 キロ太る；やせる」**と言いたいときは put on one kilo，lose one kilo「1 キロ身につける；失う」と言えばよい。

□ 38 元気いっぱいで / ～のわりには

My grandfather is full of life and looks young for his age.

「私の祖父は元気いっぱいで，年のわりには若く見える」

▶「エネルギッシュ」はドイツ語からの外来語。**「精力的な；エネルギッシュな」**は英語では energetic。または上の例文にあるような full of life**「活気や生命力でいっぱいで」**もよく使われる。また**「～のわりには」**を表す for も**入試英語で頻出**。たとえば It is hot for this season.「この季節のわりには暑い」のように使う。

□ 39 胃が痛む / 薬を飲む

He had a stomachache, so he took some medicine.

「彼は胃が痛くて薬を少し飲んだ」

▶**「胃痛」**は a stomachache，**「歯痛」**は a toothache，**「頭痛」**は a headache。これらは「痛み」を表す -ache を身体の部位を表す名詞にくっつけた複合名詞。「痛む」と言うときは動詞 have を使って have a stomachache のように言う。日本語では「薬を飲む」と言うが（×）drink medicine は間違いで take を使う。また，medicine は**「医学」**も表すし**「薬」**も表す。

□ 40 （病気を）治す

Not every disease can be cured.

「すべての病気が治せるわけではない」

▶ cure は「治る」ではなく，薬や治療法を主語にして**「（病気を）治す」**という意味で使う。上の例文は**受け身**になっている。

□ 41 （けがが）治る

My knee would have healed sooner if I had gone to the doctor.

「もし医者にかかっていたら，私のひざももっと早く治っていただろう」

▶音楽などでも「癒(いや)し系」をヒーリングなどと言うが，heal はけがなどが癒えることに使う 。cure は**病気**に使うが，heal は**けが**に使う。また，病気は薬などで治せるが，けがには特効薬がない。勝手に治るのを待つだけだ。したがって，cure は**「～を治す」**のように**他動詞**として使うのに対し，heal は**「（けがが）治る」**のように，ふつうは**自動詞**として使う。

□ 42 ストレスを解消する

Getting exercise is a good way to relieve your stress.

「運動をするのはストレスを解消するよい方法だ」

▶ 野球で救援投手のことを「リリーフ」と言うが，英語では relief。**relieve** はその動詞形で，**「ホッとさせる；（負担などを）軽減する」**という意味。**「ストレス解消」**は**「ストレスを軽減する」**と考えて，**relieve** を使う。

□ 43 さっぱりする

After taking a long bath, I felt really refreshed.

「長風呂に入ったあと，本当にさっぱりした」

▶ **refresh** は**「さっぱりさせる」**。**「さっぱりする」**は**過去分詞（受け身）**で使う。

□ 44 くつろぐ

I like to relax in nature.

「私は自然の中でくつろぐのが好きだ」

▶ refresh「さっぱりさせる」とは対照的に，**relax** は**「くつろぐ」**という日本語と同様に**自動詞**として使えばよい（→ p.184）。

学校生活・社会生活

□ 45 満点

He got a perfect score on a math exam again.

「彼は数学の試験でまた満点を取った」

▶ **「満点」**は **a perfect score**。**「高得点」**なら **a high score** だ。

□ 46 成績

He has never gotten a good grade in math before.

「彼は数学でよい成績をとったことがない」

▶ **45** で示したような **a score** は，１回ごとの試験の**「点数」**を表す語。それに対して **a grade** はそうした試験結果などを総合して，先生が学期ごとにつける**「成績」**のこと。

□ 47 高校時代に

He belonged to the volleyball club when he was in high school.

「彼は高校時代，バレーボール部に所属していた」

▶「**小学校**」は elementary school，「**中学校**」や「**高校**」は high school。海外では中学校と高校は日本で言う中高一貫教育の国が多いので，日本語で中学校と言われても高校と言われても単に high school とすればよいが，どうしても区別したければ，それぞれ junior high school，senior high school という言い方ができる。いずれも**原則は無冠詞**で使うことが重要。「**学校で**」は in school のように，in を用いるのがよいだろう。

□ 48 専攻する

What will you major in at college?

「大学では何を専攻しますか」

▶「**大学**」は college か university。前者は単科大学，後者は総合大学と言われることもあるが，あまり区別を気にしなくてよい。school 同様，これらも**無冠詞**で使うことに注意。さらに「大学で」を表す前置詞は at を使うのが in school と対照的。「**〜を専攻する**」は〈major in 〜〉。**自動詞**であることに注意。

□ 49 大学に進学する

In Japan most high school graduates go on to college nowadays.

「今どき日本では大半の高校卒業生が大学に進学する」

▶〈graduate from 〜〉で「**〜を卒業する**」を表すだけでなく，a graduate は「**卒業生**」という名詞でも使える。また，日本語の「学校に行く」は「通学する」という意味でも「進学する」という意味でも使うのと同じように，英語の go to 〜も「**通学する**」，「**進学する**」のいずれの意味でも使える。特に区別したいときには「**〜に進学する**」は〈go on to 〜〉を使う。on は「**〜し続ける**」という続行を表す副詞だ。

□ 50 大学に入る

After I get into college, I would like to do some volunteer work.

「大学に受かったら，何かボランティアがやりたい」

▶「**〜に入学する；入る**」は〈get into 〜〉がよい。

□ 51 カンニングをする

He was scolded for cheating on an exam.

「彼は試験でカンニングをして叱られた」

▶cunningという単語は確かに存在するが，これは「ずるがしこい」という意味の形容詞であり，日本で使われる「カンニング」にはまったく対応しない。これに相当する英語は**cheat**という単語。**「ずるをする」**というくらいの意味だが，「試験でずるをする＝カンニングをする」となる。

□ 52 塾・予備校

He goes to a cram school to prepare for the entrance exams.

「彼は入試の準備のため塾［予備校］に通っている」

▶**「塾」**や**「予備校」**は**a cram school**と呼ばれる。cramは次の**53**にあるように**「詰め込む」**という意味であり，したがってa cram schoolもあまりよい意味での呼び名ではない。

□ 53 詰め込む

Sound education does not mean cramming the students with facts.

「健全な教育とは学生たちに知識を詰め込むことではない」

▶cramはもともと「詰め込む」という意味の動詞だと**52**で述べたが，語法的には**〈cram ＋人＋ with ＋物〉**という形で**「物で人をいっぱいにする＝詰め込む」**を表す。191頁のprovideと同じ使い方だ。また「知識」というとknowledgeを思いつくと思うが，これはよい意味での「知識」。入試でしか役立たないようなさまつな知識のことは**facts「いろいろな細かい事実」**を使うのがよい。soundは「健全な」。

□ 54 コンビニでアルバイトをする

He works at a convenience store once a week.

「彼は週１回，コンビニでアルバイトをしている」

▶「アルバイトをする」という言葉を英訳するのもちょっと困った問題だ。まずarbeitは「仕事」という意味のドイツ語。臨時雇用で働くことを表す「アルバイトをする」をできる限り忠実に英訳するなら，He works part-time.のように言うことになる。**part-time**は**「パートタイムで」**を表す**副詞**として使える（反対語の**full-time**も**「フルタイムで」**を表す**副詞**)。ただ日本は終身雇用が定着しているので，正社員かパートタイム勤務かにこだわるが，日本ほど終身雇用が定着していない国が世界の大半であり，そういう国では正社員とアルバイト・パートタイム勤務との境目はそれほどはっきりしたものではない。したがって，英語であえてwork part-timeと言うのも逆に違和感がある。単に「コンビニで働く」というのがお薦めだ。

□ 55 「暇なときは何をしていますか」

“What do you do in your spare time?” —— “I listen to pop music, and I often go jogging when it is nice.”

「暇なときは何をしていますか」――「ポップスを聴いたり，天気のよいときにはよくジョギングに出かけたりしています」

▶ 日本語では「趣味は何ですか」と言ったり，答えるほうも「私の趣味は…」と言ったりするが，英語では上の例文のような言い方がふつう。

□ 56 勤勉な / つき合う

He is a hard worker and he has only a little time to socialize with his friends or to go out with women.

「彼は非常に勤勉であり，友人と遊んだり，女性とつき合ったりする時間がほとんどない」

▶ **「勤勉な」**は hardworking，**「勤勉な人」**は a hard worker がよい。**「学校の友達などと交友関係を持つ」**のは〈socialize with ＋人〉，**「異性とつき合う」**のは〈go out with ＋人〉。

□ 57 知り合う

It is a good thing to get acquainted with people from other countries and to learn their cultures.

「外国から来た人と知り合ってその人たちの文化を学ぶのはよいことだ」

▶ **「知り合いの人」**は an acquaintance，**「人と知り合う」**は〈get acquainted with ＋人〉，受験生を見ているとなぜかなかなか書けない表現のようだ。

□ 58 ふられる

He realized that money cannot buy everything only when she left him.

「彼女にふられてようやく彼はお金ですべてが買えるわけではないと気づいた」

▶ **「(交際相手を) ふる」**は「置き去りにする」という意味の leave を使う。または**「別れる」**に相当する break up という表現もある。They broke up.「彼らは別れた」のように使うこともできるし，He broke up with her.「彼は彼女と別れた」のように使うことができるのも日本語と似ている。

□ 59 結婚する

It is high time you got married.

「君ももう結婚しなければならない頃だね」

▶ **「結婚する」**は marry を動詞として使って表すこともできるが，marry は**他動詞**であり，絶対に**目的語が必要**（Marry me.「僕と結婚してください」のように）。上の例文のように「だれと？」ということを言わないで単に**「結婚する」**と言う場合は get married を使うのがよい。married は**「既婚の」**という意味の**形容詞**なので，He is married. と言えば「彼は既婚者だ」であり，逆に He got married. のように get「～になる」と組み合わせれば「既婚者になった＝結婚した」を表現できる。

□ 60 離婚する

These days people get divorced much more easily than they used to.

「最近はみな昔よりはるかに簡単に離婚をするようになった」

▶「結婚する」の get married に対し，**「離婚する」**は **get divorced**。**divorced** は**「離婚した」**を表す**形容詞**。

□ 61 既婚女性 / 外で働く

Many married women nowadays work outside the home.

「最近の多くの既婚女性は外で働いている」

▶**「外で働く」**は **work outside the home**。

□ 62 家事を手伝う

She wishes her husband helped a little more around the house.

「彼女は夫がもう少し家事を手伝ってくれたらと思っている」

▶**「家事を手伝う」**は **help around the house**。

□ 63 社会に出る

When you get out into the (real) world, you will realize how ignorant you are of the world.

「社会に出たときに自分がどれほど社会のことに無知か悟るだろう」

▶「社会＝society」と思い込んでいるせいか，学校などを卒業して実社会に出ることを英語で表現するときにも society という単語を使ってしまう人が多いが，ダメだ。society というのは赤ちゃんから老人まで，すべてを含んだ「社会」なのだ。つまりだれもが生まれたときからすでに「社会＝society」の一員なのであり，大人になってからその「社会」に初めて入るわけではないのだ。**「大人の世界；実社会」**は **the world** または **the real world** で表す。**「社会に出る」**は **get out into the (real) world** という表現を使う。

□ 64 仕事をやめる

It is a pity that many women quit their jobs when they get married.

「多くの女性が結婚したときに仕事をやめるのは残念なことだ」

▶「仕事をやめる」ことを表すのに retire を使ってしまう人がよくいるが，**retire** は「引退する」，つまり**「定年退職する」**ことを指す。上の例文のように**中途退職**することは **quit「やめる」**を使って表す。なお，動詞 **quit** の活用は**無変化**で，過去形も過去分詞形も quit のままでよい。

□ 65 携帯電話で / 迷惑をかける

When you talk on the cell phone, you have to be careful not to disturb people around you.

「携帯電話で話をするときには周りの人に迷惑をかけないよう気をつけなければならない」

▶ **「携帯電話」**は a cell phone または a mobile phone。前者は米語，後者は主に英語。「携帯電話で」は on the cell phone。on という前置詞とともに覚えておこう。**「迷惑をかける」**は disturb か bother がよい。

□ 66 e メール / e メールをする

Many young people spend too much time exchanging e-mails.

「e メールのやり取りにあまりに時間を使いすぎる若者が多い」

▶ e メールの略語である「メール」をそのまま mail と英語にしてはダメ。それではふつうの郵送による手紙になってしまう。正しくは**「電子メール」**であり，英語で言えば an electronic mail なのだが，省略して an e-mail とするのがふつう。**名詞**でも使えるし，**他動詞**として〈e-mail ＋人〉**「人に e メールをする」**という形でも使える（たとえば E-mail me! で「私にメールして！」）。

□ 67 連絡を取る

If you have a cell phone, you can contact anyone no matter where you are.

「携帯電話を持っていれば，どこにいてもだれにでも連絡を取ることができる」

▶ contact を使ったほうがよいところで communicate を使うミスが目立つようだ。communicate は**「意思疎通する」**であり，深い意味で相手とわかりあうことであるのに対し，contact は**「連絡を取る」**という，もっと事務的なことを伝え合うことを意味する。携帯電話が便利なのは後者をすばやく行えるためなので，上の例文のような文脈では communicate ではなく **contact が適切**だ。

▶ 〈communicate with ＋人〉**「人と意思疎通する」**というほうは日本語と似た語法なので間違える余地はないが，contact のほうは他動詞であり〈contact ＋人〉で**「人に連絡を取る」**となる点にも十分注意を払いたい。

□ 68 相手

One good point of e-mail is that even if you are e-mailing someone late at night, you don't have to be afraid of disturbing the other person.

「e メールのよい点の 1 つは，たとえ夜遅くに e メールをするのでも，相手に迷惑がかかることを心配しなくてよいことだ」

▶ 会話でも e メールでも電話でも，**「相手」**は the other person でよい。

□ 69 普及する / 顔を突き合わせて

Some people fear that as e-mail becomes more common, people will become poorer at communicating face to face.

「eメールがより普及するのに伴って，現実世界のコミュニケーションがより下手になるのではないかと心配する人もいる」

▶ eメールやパソコンやテレビなどが**「普及する」**ことを表すのに一番のお薦めは**「ありふれた」**という意味の形容詞 common を使い，become common**「ありふれたものになる」**と書くことだ。

▶ face to face も覚えておきたい。上の例文のように副詞として使い，communicate face to face とすれば，**「メールなどのメディアを介さず生身の人間同士が顔を突き合わせて意思疎通すること」**を指す。

□ 70 インターネットを見る / ～に中毒になる

If you spend too much time browsing on the Internet, you will end up getting addicted to it.

「インターネットを見るのにあまりに時間を費やしすぎると，最後にはインターネット中毒になってしまうよ」

▶「インターネット」は the Internet。必ず the **を付けて大文字で書く**こと。「インターネットを見る」の**「見る」**は browse という動詞を使う。本来は「ぶらぶらする」という意味の動詞であり，たとえば browse in a bookstore とすれば「本屋の中をうろつく」。同様に「インターネット上をうろつく＝ネットを見る」となるわけだ。〈end up -ing〉は**「最後には…する」**という熟語，〈get addicted to ～〉は**「～に中毒［依存症］になる」**という意味の熟語。

□ 71 インターネット上で

Nowadays you can buy almost anything online.

「今どきはほとんどどんなものでもインターネット上で買うことができる」

▶ on the Internet**「インターネット上で」**と同じことを online という**副詞 1 語**で表すことができる。**69** の face to face の反対語とも言える。

□ 72 インターネットからニュースを入手する

I don’t read newspapers, because I can get the news from the Internet.

「私は新聞を読まない。それはインターネットからニュースを入手できるからだ」

▶〈get the news from the Internet〉**「インターネットからニュースを入手する」**，〈get information from the Internet〉**「インターネットから情報を入手する」**。同じような意味だが，自由英作文などでも重宝するはずだ。

□ 73 情報化時代

We live in the Age of Information; that means that we live in a flood of information.

「われわれは情報化時代に生きている。それは情報の洪水の中に生きているということだ」

▶**「情報化時代」**は大文字を使って **the Age of Information** と書く。「石器時代」は the Stone Age だが，それと同じくらい大きな時代の変革であるという意味が込められているわけだ。

□ 74 情報をフィルターにかける

The more information we have, the more important it will become to filter it.

「情報が多くなるにつれて，それを取捨選択することがますます大事になる」

▶「正しく，かつ必要な情報だけをもらい，間違いや不要な情報を切り捨てる」ことを **filter information「情報をフィルター（ふるい）にかける」**と言う。

環境問題・社会問題

□ 75 ごみを捨てる

Don't litter on the beach.

「砂浜にごみを捨てるな」

▶「ごみ」と言われると garbage を思いつくかもしれないが，上の例文のような場合は litter を使う。**litter** はまず**名詞**として**「散らかっているもの」**を表す。たとえば There is a lot of **litter** on the street.「通りにたくさんのごみ（ちらかっているもの）が落ちている」のように使う。さらに**動詞**として**「散らかす，ごみを捨てる」**の意味を持つ。上の例文はこの用法。

□ 76 処分する / まだ使える

Don't throw away still usable things.

「まだ使えるものを捨てるな」

▶**75** の litter が「路上や砂浜にごみを不法に投棄すること」を意味する動詞として使われるのに対し，**throw away** は**「きちんと処分すること」**を表す動詞だ。〈throw「投げる」＋ away「離れたほうに」〉という語句の成り立ちを考えると，こちらのほうが「ポイ捨てをする」という意味のように思うかもしれないがそうではない。たとえば**「使い捨て社会」**のことを **a throwaway society** と言う。これはみなが「ポイ捨て」をする社会のことではない。

▶**「まだ使える」still usable** という表現も実はなかなか思いつかない単語。

□ 77 ごみを分別する

The town regulations require you to separate your garbage.

「町の規則でごみを分別しなければならないことになっている」

▶通りに散らかっているごみが litter なのに対し，ふつうにごみ箱に入っているごみは garbage。**「ごみを分別する」**の動詞は **separate** を使えばよい。

□ 78 環境を守る / 車を使わないようにする

To protect the environment, I try to drive less and use my air-conditioners less.

「環境を守るために，車にはあまり乗らないようにし，クーラーもあまり使わないように心がけている」

▶**「環境」**は **the environment**。**「自然」nature** ももちろん同義語だが，奇妙なことに「環境」のほうは必ず the を付けて使い，逆に「自然」のほうは the を付けずに使うことに注意。**「環境を守る」**の「守る」に使える動詞は **protect，save，preserve** などいろいろあり，どれを使ってもよいが，**defend だけはダメ**。defend は「敵から守る」という意味だ。また上の例文では**「車を使わないようにする」**ことを簡単に **drive less**「より少なく運転する」のように簡潔に表現している。こうした表現も身に付けてもらいたい。

□ 79 環境にやさしい

More and more people are choosing to buy environmentally-friendly cars.

「環境にやさしい車を買うことを選ぶ人が増えている」

▶81 頁で学んだが，もう 1 度繰り返しておこう。**「環境にやさしい；地球にやさしい」**は **environmentally-friendly** だ。

□ 80 石油 / 有害物質 / 温室効果ガス

Cars are bad for the environment because they consume petroleum and produce harmful chemicals, including greenhouse gases.

「車は環境に悪い。と言うのは石油を消費し，温室効果ガスを含むいろいろな有害化学物質を作るからだ」

▶oil は「油」である。olive oil「オリーブ油」，heavy oil「重油」，light oil「軽油」など，ふつうは何かの修飾語を伴って使われるので，単に oil と言うだけではそれが石油のことなのかごま油のことなのだかわからない。化石燃料である**「石油」**を表す語は **petroleum** だ。petro はラテン語で「石」を表す。そのほか上の例文には重要な語彙が満載だ。しっかりチェックしてもらいたい。

□ 81 化石燃料 / 地球温暖化

Most scientists agree that burning fossil fuels has contributed to global warming, but they do not always agree what consequences it will have.

「大部分の科学者たちは化石燃料を燃やすことが地球温暖化を引き起こした一因である点では意見が一致しているが，それではそれがどんな結末をもたらすかという点では必ずしも意見が一致していない」

▶ a fossil fuel「**化石燃料**」は基本単語。「**地球温暖化**」は the global warming。

□ 82 生物 / 絶滅する

Many living things are threatened to become extinct.

「多くの生物が今絶滅の危機に瀕している」

▶「**生物**」は living things がよい。よく creatures と書く人がいるが，これは「神様が創った（= create）もの」の意味であり，文学作品ならともかく，科学的な文章にはふさわしくない。「**絶滅する**」は become extinct か die out。be threatened to do は「**…する恐れがある**」という意味の熟語。

□ 83 老齢化する / 出生率 / 平均寿命

Japanese society is rapidly ageing because the birthrate is declining and the average life span is getting longer.

「出生率が低下し平均寿命が伸びているので，日本の社会は急速に老齢化しつつある」

▶「**老齢化する**」は age でよい。もちろん「**年齢**」という**名詞**としても使えるが，動詞としても使える。また，Japanese society is graying. としてもよい。gray はもともとは「灰色」ということだが，「**白髪になる＝老齢化する**」という動詞として使えるわけだ。それ以外の the birthrate「**出生率**」や the average life span「**平均寿命**」などの表現も要チェックだ。

□ 84 いじめ

Everyone is talking about bullying, but that is a problem difficult to solve.

「いじめについてみなが語るが，しかしそれは解決するのが難しい問題だ」

▶「**いじめる**」という**動詞**は bully を使う。また，a bully「**いじめっ子**」という名詞としても使える。「**いじめ**」という行為を表す**名詞**は bullying だ。

□ 85 勝ち組 / 負け組

The gap between winners and losers is getting wider.

「勝ち組と負け組の間の差がどんどん広がりつつある」

▶「**勝ち組**」は a winner，「**負け組**」は a loser。

□ 86 自殺する

It is surprising that every year more than thirty thousand people commit suicide in Japan.

「日本で毎年 3 万人以上の人が自殺をするというのは驚くべきことだ」

▶「**自殺する**」は commit suicide。

□ 87 テロ攻撃

Terrorist attacks are not rare in that area.

「その地域ではテロ攻撃はまれではない」

▶「**テロ攻撃**」は a terrorist attack。

□ 88 赤字

Japanese finance is heavily in debt.

「日本の財政は重い赤字に苦しんでいる」

▶ be in debt で「**赤字の状態にある**」。debt は「**借金**」という意味の名詞だ。

□ 89 流行している

Health food is now the craze in Japan.

「健康食品が今日本では流行だ」

▶「流行」の意味で「ブーム」はよく使われるが，英語の boom はふつう「流行」というより「**好景気**」や「**（物価などの）高騰**」の意味で使う。「ブーム」に相当する英語は craze だ。crazy の**名詞**であり，その語源から察せられるように人々が理性を忘れて熱狂することである。pet craze といえば「**ペットブーム**」であり，または Having a pet is the craze now.「ペットを飼うことが今ブームだ」のように使う。

□ 90 フードマイル / 持続可能な

"Food miles" means how far food travels from where it is grown to where it is consumed; the farther food travels, the less sustainable that food is.

「『フードマイル』は食物が栽培されたところから消費されるところまでどのくらい移動するかを意味する。食物が遠くまで移動すればするほど，その食物はあまり持続可能ではないわけだ」

▶ 日本にも地産地消という考え方があるが，それと同じような考え方がこの「フードマイル」だ。新しい考え方だが，これからしばらく英語の入試問題でも取り挙げられることが多くなるのではないか。sustainable は「持続可能な」。

大矢　復（おおや　ただし）
東京大学文学部イタリア文学科卒業。イタリア，フランスへの留学を経て，同大学院修士課程修了。以来，代々木ゼミナールで英語の講師を務めている。読解一辺倒の日本の英語教育に風穴を開けるべく，一貫して英作文の重要性を訴え，授業においても著書においても，発信するための道具となるように文法，語彙を再構築することを実践してきた。つい先日，東大教授が「最近の受験生は英作文の力が向上した」と発言したと報じられたことに，秘かに満足を感じている。個人的に熱中しているのは自転車と水泳。自転車は，４年に１度フランスで開催されるパリ＝ブレスト＝パリという 1,200km を 90 時間で走破するレースへの出場を目指して特訓中。水泳は自己ベスト更新と，はるか彼方にある年齢層別日本記録更新を夢見る日々。好きなものはネコと筋肉痛。

英文校閲：Karl Matsumoto

大学入試　英作文ハイパートレーニング
和文英訳編　新装版

2009 年 8 月 10 日　初版　第 1 刷発行
2024 年 3 月 10 日　初版　第 37 刷発行
2024 年 3 月 30 日　初版新装版　第 1 刷発行
2024 年 9 月 10 日　初版新装版　第 3 刷発行

著　者　　大矢　復
発行者　　門間　正哉
印刷・製本所　　大村印刷株式会社

発行所　　株式会社 桐原書店
〒114-0001　東京都北区東十条 3-10-36
TEL　03-5302-7010（販売）
www.kirihara.co.jp

▶装丁／新田由起子（ムーブ）
▶本文レイアウト／新田由起子（ムーブ）
▶ DTP ／武藤孝子（ムーブ）

Printed in Japan
ISBN978-4-342-20778-5

大学入試

英作文

ハイパー
トレーニング

和文英訳編

新装版

例題暗唱文例集

Essential Structures
For writing in English

音声オンライン提供

大学入試
英作文
ハイパー
トレーニング
和文英訳編
新装版

Essential Structures
For Writing in English
音声オンライン提供 QR

例題暗唱文例集

この冊子では，本書 Lesson 1 ～ Lesson 66 の各課の冒頭に示した例題（日本語）とその解答例（英訳）を見開きで掲載しています。どれも英作文を書くために必要な基本構文ばかりですから，暗唱できるまで繰り返し練習しましょう。

本冊子を使って

左頁の日本語を見ながら英文を書いてみましょう。間違えた箇所をチェックし，さらに右頁の正しい英文を音読して覚えましょう。

音声を使って

音声を 日本語 → ポーズ → 英文 → 英文 の順番で提供しています。
日本語を聞いたあとで英文を思い浮かべ，次にその英文を確認し，さらに暗唱してみる，などの手順でくり返し練習してみましょう。
音声はQRコードからアクセスできます。

2 □ 001 あなたは朝食に何を食べますか。

3 □ 002 何が彼女を怒らせたのですか。

4 □ 003 この新型の携帯電話についてどう思いますか。

5 □ 004 海外旅行をするのはどんな感じですか。

6 □ 005 この仕事をするのにどのくらいの時間が必要になるでしょうか。

7 □ 006 初心者にはどちらの本がよりよいですか。

8 □ 007 いつ雨が止むとあなたは思いますか。

9 □ 008 明日の天気はどうなると天気予報では言っていますか。

10 □ 009 この問題を解ける子どもはいません。

11 □ 010 私はそれに関しては何も知りません。

□ 001	**What do you eat for breakfast?**	➲ p.2 特殊疑問文の作り方
□ 002	**What made her angry?**	
□ 003	**What do you think about this new type of cell phone?**	➲ p.4 疑問代名詞と疑問副詞
□ 004	**What is it like to travel abroad?**	
□ 005	**How much time will be necessary to do this work?**	➲ p.6 疑問形容詞（what・which）と疑問副詞（how）
□ 006	**Which book is better for beginners?**	
□ 007	**When do you think it will stop raining?**	➲ p.8 that 節を含む文の特殊疑問文
□ 008	**What does the weather forecast say the weather will be like tomorrow?**	
□ 009	**No children can solve this problem.**	➲ p.10 全部否定
□ 010	**I don't know anything about it.**	

12 □ 011 新聞に載っていることすべてが真実とは限らない。

13 □ 012 私は彼の言うことすべてを信じているわけではない。

14 □ 013 英語をうまく話せる日本人は少ない。

15 □ 014 彼はほとんど両親に手紙を書かない。

16 □ 015 私は４月 10 日から 20 日までロンドンに滞在します。

17 □ 016 決勝戦は６時に始まります。

18 □ 017 暇なときあなたは何をしていますか。

19 □ 018 私は今度の夏，海外旅行をしようかと考えています。

20 □ 019 公園を散歩しているときに友達の一人に会った。

21 □ 020 日が暮れるときに私はまだゴールに向けて走っているでしょう。

☐ 011	**Not everything in newspapers is true.**	p.12 部分否定
☐ 012	**I don't believe everything (that) he says.**	
☐ 013	**Few Japanese people speak English well.**	p.14 準否定
☐ 014	**He seldom writes to his parents.**	
☐ 015	**I am staying in London from April 10th to the 20th.**	p.20 未来の表し方
☐ 016	**The final begins at six.**	
☐ 017	**What do you do in your spare time?**	p.22 現在形と現在進行形
☐ 018	**I am thinking about traveling abroad next summer.**	
☐ 019	**While I was taking a walk in the park, I met a friend.**	p.24 過去進行形と未来進行形
☐ 020	**When the sun sets, I will (still) be running toward the goal.**	

22 □ 021 彼は留学することに決め，今そのための準備をしている。

23 □ 022 雨降って地固まる。

24 □ 023 私は６年間英語を勉強しているが，実際に話したことはない。

25 □ 024 子どもの頃，私は３年間香港に住んでいた。

26 □ 025 その本は思ったよりおもしろかった。

27 □ 026 先日古い友人に会ったが，すっかり変わっているのに驚いた。

28 □ 027 その村には行ったことがあったので大地震で被害を受けたと聞いて驚いた。

29 □ 028 彼はその町を旅立つまで１週間滞在していた。

☐ 021	**He has decided to study abroad, and now he is preparing for it.**	p.26 過去形と現在完了形（結果）
☐ 022	**The ground becomes firm after it has rained.**	
☐ 023	**I have been studying English for six years, but I have never actually spoken it.**	p.28 過去形か現在完了形（経験・継続）か
☐ 024	**I lived in Hong Kong for three years when I was a child.**	
☐ 025	**The book was more interesting than I (had) thought.**	p.30 過去完了形（大過去）
☐ 026	**The other day I met an old friend, but I was surprised that he had changed a lot.**	
☐ 027	**I was surprised to hear that the village was damaged by a big earthquake because I had been there.**	p.32 過去完了形（経験・継続）と過去完了進行形
☐ 028	**He had been staying in the city for a week when he left it.**	

30 □ 029 天気予報は雨が降ると言っていたが全然降らなかった。

31 □ 030 彼は何か食べるものがほしいと言った。

32 □ 031 いつ次の会議が開かれるかは，はっきりしていません。

33 □ 032 彼がどのくらい英語を話せるのかはだれも知らない。

34 □ 033 私たちは彼の日本史に関する造詣の深さに驚いた。

35 □ 034 私は昨日の自分の振る舞いを恥じている。

36 □ 035 眠りの長さより深さのほうが大切だ。

37 □ 036 読書のすばらしさに気づいている人は少ない。

☐ 029	**The weather forecast said it would rain, but it didn't at all.**	p.34 時制の一致
☐ 030	**He said that he wanted something to eat.**	
☐ 031	**It is not clear when the next meeting will be held.**	p.40 that 節とそれ以外の名詞節
☐ 032	**Nobody knows how well he speaks English.**	
☐ 033	**We were surprised at how much he knew about Japanese history.**	p.42 前置詞の目的語としての名詞節
☐ 034	**I am ashamed that I behaved badly yesterday.**	
☐ 035	**How deeply you sleep is more important than how long you sleep.**	p.44 名詞節をもっと活用しよう
☐ 036	**Few people realize how wonderful reading is.**	

38 □ 037 彼女は私に「あなたのところに遊びに行くわ」と言った。

39 □ 038 彼は私に「君はどっちがほしい？」とたずねた。

40 □ 039 彼は「先週の日曜日に彼女に会ったよ」と言っていた。

41 □ 040 彼女は「明日，ひま？」と私にたずねた。

42 □ 041 父は私に「もう少し真面目に勉強しなさい」と言った。

43 □ 042 彼女は私に「明日，一緒に買い物に行こう」と言った。

44 □ 043 運動をする人は長生きする傾向がある。

45 □ 044 イタリアは私が一番好きな国です。

☐ 037 **She told me that she would come to see me.**

○ p.46 平叙文と疑問文の間接話法

☐ 038 **He asked me which I wanted.**

☐ 039 **He said (that) he had seen her the previous Sunday.**

○ p.48 間接話法と副詞（句）

☐ 040 **She asked me if I would be free the next day.**

☐ 041 **My father told me to study a little harder.**

○ p.50 命令文とlet's文の間接話法

☐ 042 **She suggested to me that we go shopping the next day.**

☐ 043 **People who get exercise tend to live long.**

○ p.58 関係詞が修飾する先行詞の形

☐ 044 **Italy is the country which I like best.**

46 □ 045 若いうちはいろいろなことが学べる本を読むべきだ。

47 □ 046 スイカというのは切符を買わずに電車に乗れるシステムです。

48 □ 047 私は彼女が好みそうだと思う CD をあげた。

49 □ 048 だれもが勝つと思っていた選手が負けたので私は驚いた。

50 □ 049 彼は自分が正しいと思うことをした。

51 □ 050 私がその国を旅行中に驚いたのは，何もかもが高いということだった。

52 □ 051 どんな情報も手に入れられるインターネットは，われわれの生活を一変させた。

53 □ 052 ６年間英語を習った日本人が英語をあまり話せないのは奇妙だ。

☐ 045 **While you are young, you should read books from which you can learn a lot.**

p.60「なんちゃって関係代名詞」に注意

☐ 046 ***Suica* is a system thanks to which you can take trains without buying a ticket.**

☐ 047 **I gave her a CD which I thought she would like.**

p.62 数・時制の一致と複文構造

☐ 048 **I was surprised that the player who everyone thought would win was beaten.**

☐ 049 **He did what he thought was right.**

p.64 関係代名詞 what の使い方

☐ 050 **What I was surprised at while I was traveling in that country was that everything was expensive there.**

☐ 051 **The Internet has changed our lives because you can get any information on it.**

p.66 非制限用法で使う which と who

☐ 052 **It is strange that Japanese people cannot speak English very well, though they have studied it for six years.**

54 □ 053 たいていの人は自分の生まれ育った場所が好きだ。

55 □ 054 車に頼らざるを得ない田舎での生活はあまり健康的ではない。

56 □ 055 駅への行き方を教えてくれませんか。

57 □ 056 話し方で彼は大阪出身だとわかる。

58 □ 057 今度の日曜日にガールフレンドと海に行く予定です。

59 □ 058 次の信号を右に曲がればすぐに駅が見えます。

60 □ 059 携帯電話は今日の日本では必要不可欠だ。

61 □ 060 家に帰る途中，私はにわか雨にあった。

☐ 053	**Most people love the place where they were born and brought up.**	➡ p.68 関係副詞の where と when
☐ 054	**Life is not very healthy in the country, because you have to depend on your car.**	
☐ 055	**Could you tell me how to get to the station?**	➡ p.70 関係副詞の why と how
☐ 056	**You can see that he comes from Osaka from the way he talks.**	
☐ 057	**I am going to the beach with my girlfriend next Sunday.**	➡ p.76 副詞の基本 (1)
☐ 058	**If you turn right at the next (traffic) light, you will see the station.**	
☐ 059	**The cell phone is indispensable in Japan today.**	➡ p.78 副詞の基本 (2)
☐ 060	**I was caught in a shower on my way home.**	

62 □ 061 今年の夏は例年にないくらい暑かった。

63 □ 062 環境にやさしい車が，今，話題になっている。

64 □ 063 彼女はその知らせに驚いたので，ほとんど気を失いそうになった。

□ 064 彼は寝る暇もないくらい宿題で忙しかった。

65 □ 065 彼は急いでいたのでドアのカギを閉めるのを忘れた。

□ 066 それは感動的な映画だったので，彼は涙を抑えられなかった。

66 □ 067 おっしゃっていることがわかるように，もう少しゆっくり話していただけませんか。

□ 068 風邪をひかないように，彼は旅行にセーターを持って行った。

67 □ 069 たとえ雨が強く降っていても，彼はかさを持たずに出かける。

□ 070 どんな仕事をするのでも，ベストを尽くすように心がけなければいけない。

☐ 061	**It was unusually hot this summer.**	p.80 副詞の位置と修飾の関係
☐ 062	**Everyone is talking about environmentally-friendly cars these days.**	
☐ 063	**She was so surprised at the news that she almost fainted.**	p.82 程度を表す表現 (1)
☐ 064	**He was so busy with his homework that he didn't have time to sleep.**	
☐ 065	**He was in such a hurry that he forgot to lock the door.**	p.84 程度を表す表現 (2)
☐ 066	**It was such a moving film that he couldn't help crying.**	
☐ 067	**Could you speak a little more slowly so that I can understand what you are saying?**	p.86 目的を表す表現
☐ 068	**He took a sweater on his trip so that he would not catch a cold.**	
☐ 069	**Even if it rains hard, he doesn't take his umbrella when he goes out.**	p.88 逆接と譲歩を表す表現
☐ 070	**No matter what job you do, you should try to do your best.**	

68 □ 071 台風のためにその町の多くの家屋が浸水した。

□ 072 彼はとても疲れていたので学校に行きたくなかった。

69 □ 073 私は君と同じくらい事態を憂いている。

□ 074 私も彼と同じくらい大きな犬を飼っている。

70 □ 075 彼は食費と同じくらいのお金を洋服に使っている。

□ 076 沖縄では冬も東京の春と同じくらい暖かい。

71 □ 077 彼は数学より物理が得意だ。

□ 078 東京より香港のほうが土地の価格は高い。

☐ 071 **Many houses in the town were flooded because of the typhoon.**

➲ p.90 原因・理由を表す表現

☐ 072 **He was very tired, so he didn't feel like going to school.**

☐ 073 **I am as worried about the situation as you are.**

➲ p.96 同等比較の基本

☐ 074 **I have as big a dog as he does.**

☐ 075 **He spends as much money on clothes as he does on food.**

➲ p.98 同等比較を使いこなす

☐ 076 **It is as warm in Okinawa in winter as it is in Tokyo in spring.**

☐ 077 **He is better at physics than (he is) at math.**

➲ p.100 比較級の基本

☐ 078 **Land prices are higher in Hong Kong than (they are) in Tokyo.**

72 □ 079 喫煙者は非喫煙者より肺ガンにかかる確率が高い。

□ 080 その映画はうわさ以上におもしろい。

73 □ 081 若いうちはできる限りたくさんの本を読むように心がけなさい。

□ 082 彼は私の倍の時間を英語の勉強に使っている。

74 □ 083 最近，英語を学ぶためにアメリカに行く学生が増えている。

□ 084 最近の若者は家族と話す時間が減っている。

75 □ 085 多くの言葉を話せるほど，海外旅行は簡単になる。

□ 086 たばこを吸えば吸うほど，ガンにかかる確率が高まる。

☐ **079 Smokers are more likely to get lung cancer than non-smokers are.**

p.102 同等比較や比較級をもっと活用しよう

☐ **080 The movie is more fun than people say it is.**

☐ **081 You should try to read as many books as possible while you are young.**

p.104 同等比較を使った表現

☐ **082 He spends twice as much time studying English as I do.**

☐ **083 These days more and more students are going to the U.S. to study English.**

p.106 比較級を使った表現 (1)

☐ **084 Young people these days are spending less time talking with their families than before.**

☐ **085 The more languages you can speak, the more easily you can travel abroad.**

p.108 比較級を使った表現 (2)

☐ **086 The more you smoke, the more likely you are to get cancer.**

76 □ 087 健康より貴重なものはない。

□ 088 私はほかのどの科目よりも英語が好きだ。

77 □ 089 日本ほど物価が高い国はない。

□ 090 日本では夏ほど雨が多い季節はない。

78 □ 091 もし健康を維持したいなら，君は運動をすべきだ。

□ 092 もし万が一日本で生まれていたら，彼は成功はできなかったろう。

79 □ 093 私だったらそんなばかげたものは買わなかったろう。

□ 094 彼は非常に空腹だったので冷蔵庫だって食べられそうだった。

☐ 087 **Nothing is more precious than health (is).**

p.110 最上級の言い換え表現 (1)

☐ 088 **I like English more than any other subject.**

☐ 089 **Prices are higher in Japan than in any other country.**

p.112 最上級の言い換え表現 (2)

☐ 090 **In Japan it rains more in summer than in any other season.**

☐ 091 **If you want to stay healthy, you should get exercise.**

p.120 直説法と仮定法

☐ 092 **If he had been born in Japan, he would not have been successful.**

☐ 093 **I would not have bought such a stupid thing.**

p.122 if を使わない仮定表現

☐ 094 **He was so hungry that he could have eaten even the refrigerator.**

80 □ 095 高校の頃もう少し勉強していたらなあと思います。

□ 096 東京滞在をお楽しみいただければと思います。

81 □ 097 彼らはあたかも自分たちの息子であるかのように私の世話をしてくれた。

□ 098 だれもが環境について真剣に考えるときが来ているのだ。

82 □ 099 台風で多くの人が家を壊された。

□ 100 難民たちはできるだけ早く食料を供給されるべきだ。

83 □ 101 彼女は 30 分以上待たされたので，怒っていた。

□ 102 大きなビルが取り壊しの最中だったので，うるさかった。

84 □ 103 彼と彼女の間には誤解があるように見える。

□ 104 日本人はしばしば礼儀正しいと言われている。

☐ 095	**I wish I had studied a little harder when I was in high school.**	➲ p.124 if 節だけで伝える仮定表現現
☐ 096	**I hope you enjoy your stay in Tokyo.**	
☐ 097	**They took care of me as if I were their own son.**	➲ p.126 仮定法を使ったそのほかの表現
☐ 098	**It is high time everyone thought about the environment seriously.**	
☐ 099	**Many houses were destroyed by the typhoon.**	➲ p.128「なんちゃって受け身」に注意
☐ 100	**The refugees should be provided with food as soon as possible.**	
☐ 101	**She was angry because she had been kept waiting for more than thirty minutes.**	➲ p.130 いろいろな時制・いろいろな文型の受け身
☐ 102	**It was noisy because a big building was being pulled down.**	
☐ 103	**It seems that there is a misunderstanding between him and her.**	➲ p.136 繰り上げ構文と to 不定詞
☐ 104	**It is often said that Japanese people are polite.**	

85 □ 105 この要塞は 15 世紀に建てられたと考えられている。

□ 106 この国は急速に発展しているように見える。

86 □ 107 子どもがこの川で泳ぐのは危険だ。

□ 108 彼女が試験に受かるのは確実だ。

87 □ 109 若者は大都会に住むのが便利だ。

□ 110 この携帯電話は老人でも使うのが簡単だ。

88 □ 111 彼女に本当のことを言わなかったなんて，君はばかだ。

□ 112 あんなスピードで運転するなんて彼は無鉄砲だ。

89 □ 113 彼女はとても一緒に働けないくらいわがままだ。

□ 114 この地方は米が栽培できるくらい暖かい。

- [ ] **105** **It is thought that this fortress was built in the 15th century.**

p.138 繰り上げ構文と to 不定詞の6つの形

- [ ] **106** **It seems that this country is developing rapidly.**

- [ ] **107** **It is dangerous for children to swim in this river.**

p.140 that 節と to 不定詞の使い分け

- [ ] **108** **It is certain that she will pass the exam.**

- [ ] **109** **It is convenient for young people to live in big cities.**

p.142 to 不定詞の意味上の主語と形容詞の関係 (1)

- [ ] **110** **This cell phone is easy even for old people to use.**

- [ ] **111** **It was stupid of you not to tell her the truth.**

p.144 to 不定詞の意味上の主語と形容詞の関係 (2)

- [ ] **112** **It was reckless of him to drive at such a speed.**

- [ ] **113** **She is too selfish to work with.**

p.146 程度を表す to 不定詞

- [ ] **114** **This area is warm (enough) to grow rice in.**

90 □ 115 一生懸命勉強したにもかかわらず，彼の試験結果は期待したほどのものではなかった。

□ 116 寝る前に歯を磨くこと。

91 □ 117 彼女の講義はとても印象的で，聴衆はみな静かに聞き入った。

□ 118 長い間待たされるのはイライラする。

92 □ 119 彼は音楽を聞きながら勉強をするのが好きだ。

□ 120 彼はテレビをつけっぱなしにして眠ってしまった。

93 □ 121 何かの本でジョギングよりウォーキングのほうが身体によいと読んだことがあります。

□ 122 水泳を始めたいのですが，何か私にアドバイスはありますか。

☐ 115 **He studied hard but the test results were not as good as he expected.**

p.148 動名詞の基本と注意点

☐ 116 **You must brush your teeth before going to bed.**

☐ 117 **Her lecture was so impressive that the audience listened to her silently.**

p.150 分詞の基本と注意点

☐ 118 **It is irritating to be kept waiting for a long time.**

☐ 119 **He likes studying while listening to music.**

p.152 分詞構文の基本と注意点

☐ 120 **He fell asleep while the TV was on.**

☐ 121 **I have read in some book that walking is better for the health than jogging is.**

p.158 some と any の使い分け

☐ 122 **I would like to take up swimming. Do you have any advice for me?**

94 □ 123 日本人のほとんどは英語を６年以上学んでいる。

□ 124 しかし彼らの中でうまく話せる人はあまりいない。

95 □ 125 嘘をつくのは悪いことだというのは子どもでも知っている。

□ 126 犬は飼い主が近くにいるときにしか吠えない。

96 □ 127 外国語を学ぶときは文法を最初に学ぶべきだ。

□ 128 あの机の上の本を取ってもらえませんか。

97 □ 129 お金が一番大事だと考える人もいる。

□ 130 知らない人に紹介されたときは，相手の名前を覚えるようにしなければいけない。

98 □ 131 この山の頂上からはきれいな景色が楽しめます。

□ 132 友達に電話するときには，その人の邪魔にならないよう気をつけなければならない。

☐ 123	**Most Japanese people study English for more than six years.**	p.160 数量の形容詞
☐ 124	**But few of them can speak it well.**	
☐ 125	**Even children know it is a bad thing to tell lies.**	p.162 名詞の形(1)
☐ 126	**Dogs bark only when their owners are around.**	
☐ 127	**When you study a foreign language, you must learn the grammar first.**	p.164 名詞の形(2)
☐ 128	**Could you pass me the book on the desk?**	
☐ 129	**Some people think that money is more important than anything else.**	p.166 不定代名詞の基本と注意点
☐ 130	**When you are introduced to someone, you have to remember their name.**	
☐ 131	**You can enjoy a beautiful view from the top of this mountain.**	p.168 人称代名詞の基本と注意点
☐ 132	**When you call a friend, you should be careful not to disturb them.**	